전업 부동산 투자자의 가족으로 산다는 것

1990년생 동갑내기 부부의
경제적 자유 분투기

박성은 지음

전업 부동산
투자자의
가족으로
산다는 것

시크릿하우스

낳아주신 엄마 김미영 님,
길러주신 시엄마 박정희 님,
그리고 히포크라테스 강윤구 교수님,
감사합니다.

전업 투자자 가족이 겪는
부동산 투자를 둘러싼 다양한 삶의 이야기

우리는 1990년생 동갑내기 부부로, 남편은 전업 부동산 투자자이다. 결혼 전의 나는 '부동산 투자자'라는 것은 서민을 죽이는 투기꾼으로, 집값 올리는 투기꾼은 다 잡아가야 한다고 생각했다. 부동산 투자를 직업으로 가진 사람은 내 주변에 없었다. 그런데 어쩌다 보니 부동산 투자자와 결혼했다. 하지만 투자자가 되는 방법 같은 것은 알지 못한다.

남편 역시 처음부터 투자자는 아니었기에 남편과 우리 가족 모두 거쳐야 할 우여곡절이 많았다. 남편이 전업 부동산 투자자가 된다는 것은 곧 동반자인 나도 투자자를 남편으로 둔 와이프가 되어야 한다는 것이었다. 남편은 직업을 선택한 것이지만, 나는 하루아침에 입장이 바뀌게 된 것이다.

'모르면 몸이 고생'이라는 말처럼 투자자의 가족으로서 겪어야 할 진통을 알지 못했기에 시행착오도 적지 않았다. 내가 알고 있던 '보통'의 평범한 가족들과는 다른 생각을 해야 했고, 새로운 것들을 접해야 했다. 가장 힘든 것은 혼자 고군분투하며 꽤 큰돈을 다루는 남편의 일을 이해해야 하는 의무가 생긴 것이었다. 첫아이를 낳고 얼마 되지 않아 남편은 "투자 일에 전념하고 싶다"고 말했다. 여자에서 엄마가 되어 나도 혼란스러운 와중에 남을 이해해야 한다는 것은 무척 가혹한 일이었다. 그러나 다른 사람들은 어떤지 물어볼 만한 곳은 없었고, 그저 그렇게 이해해야만 하는 것이라 여겼다.

남편도 힘든 점이 있었을 것이다. 하루는 남편이 "투자를 더 잘하고 싶고 더 잘할 수 있는데, 지금은 최선을 다하지 못하고 있다"며 아쉬워했다. 그 말이 내 귀에는 "네가 내 발목을 잡고 있다"로 들렸다. 이날 우리는 크게 부부싸움을 했다. 예를 들면 이런 식이다. 전국 부동산 시세를 주시하는 남편은 임장을 가고 싶어 한다. 남편에게 임장이라는 것은 시간과 체력이 따라주지 못해서 그렇지, 갈 곳이 없어서 안 가는 것이 절대 아니다. 그러나 여기서 나와 남편과의 괴리는 임장 '횟수'에서 벌어진다. 남편은 임장도 투자자의 일이니 더 많이 가고 싶어 했다. 그러나 나에게는 남편이 직장에서 야근과 회식이 너무 잦아서 수시로 집에 늦게 들어오는 것과 다름없이 여겨졌다.

이런 식으로 감정의 골이 생겨 부부싸움에 열을 올리던 시기가 있었다. 이럴 때 어떻게 조율해야 할지 고민이 많았으나, 답을 얻을 수 있는 곳은 마땅치 않았다. 간간이 "어떤 투자자 부부는 애가 둘이나 있지만 이혼을 했다더라"부터 "누구 와이프는 우울증이 생겨서 친정집을 바꿔줬더니 병이 나았다더라" 등과 같은 자극적인 뒷이야기는 접할 수 있었지만 그게 다였다.

이때 위로가 된 것이 유튜브에서 본 유명한 투자자들의 마인드 세팅 영상이었다. 영상은 아주 다양했는데, 주로 자신은 어떤 마음과 생각을 가지고 투자 과정에서의 고난을 이겨냈는지에 관한 내용이었다. 보통 그 '마음'이라는 건 이를 악문 정신 승리 같은 것이었으나, 내가 보기에는 반쯤 미쳐있는 것으로 보였다. 직업이 투자자라서 돈을 많이 벌어오기 때문에 응원만 해야 하는 것은 결코 아니지 않는가.

돈이 없으면 불행할 확률이 커지는 것은 맞지만 돈이 모든 것은 아니다. 투자 마인드 영상은 투자자가 되고 싶은 사람에게 좋은 동기부여가 되었을 것이다. 그러나 나에게는 '그래도 우리 남편은 저 정도는 아니구나'라며 안심하게 하는 수단이 돼줬다. 영상의 여러 사례에는 투자자 본인은 있으나 가족은 없었다. 부동산에 반쯤 미쳤지만 그들이 성공할 수 있었던 이유는 가족이 믿어줬기 때문이기도 할 텐데 말이다. 이런 생각을 하다 보니 부동산 투자자를 가족으로 둔 다른 사람들은 어떻게 살까 궁금증이 뒤따라왔다.

이 책은 투자로 얼마나 성공을 이루었는지 자서전처럼 쓴 책이 아니다. 그보다는 전업 부동산 투자자는 어떻게 되는 것이며 투자자는 어떻게 투자를 하고 있는지, 그리고 투자자 가족이 겪는 고충 등 부동산 투자를 둘러싼 다양한 삶의 이야기를 담으려 했다. 그리고 투자자가 가족에게 가족이니까 해줄 수 있는 투자 노하우도 소개했다.

전업 투자자가 되기 전, 재테크에 관심 많은 평범한 직장인이었을 때부터 남편을 곁에서 바라본 부인의 입장에서 '투자'라는 것을 솔직하게 날것 그대로 풀어내려 노력했다. 나와 같은 궁금증을 가진 분들, 투자에 관심이 많은 분들 그리고 전업 투자자를 꿈꾸는 분들에게 '전업 투자자'라는 조금은 특별한 직업을 가진 사람의 생생한 현실을 보여줄 수 있기를 바란다.

차례

3장

전업 투자자의
빛과
그림자

4장

결혼 3년 차,
서당 개 3년이면
부동산 투자를
한다?

5장

아내는 오늘을,
남편은 부의
미래를
본다

1장

남편이 전업
부동산 투자자가
되었다

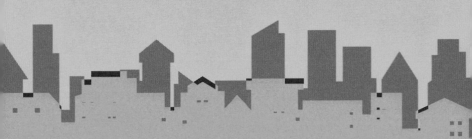

남편은 부동산에 투자하고,
나는 남편에게 투자한다

가끔 가족들과 있을 때 우스갯소리로 말하곤 한다.

"내가 당신보다 투자는 잘해. 나는 딱 한 번만 투자해서 성공했잖아!"

그러면 가족들은 맞는 말이라며 다 같이 웃는다. 장난하듯 말했지만 나는 진심으로 그렇게 생각한다. 2021년만 해도 남편은 부동산을 사고팔며 여러 채의 부동산을 거래했고 수익을 올렸다. 그렇지만 나는 오로지 남편한테만 투자했다. 따라서 남편이 기세등등하게 성장한다는 것은 나의 수익률이 기하급수적으로 상승한다는 말과 같다. 그래서 이렇게 가족과 이야기할 때, 나는 한 번씩 하염없이 기고만장해진다.

전업 부동산 투자자인 남편에게 사람들이 자주 하는 질문 중 "어떻게 재테크를 시작하셨나요?"와 "왜 부동산 투자를 하세요?"가 제법 많다. 여러 가지 재테크 방법이 있는데 남편은 왜 하필 부동산을 선택했는가? 그 이유를 제3의 인물이 물어보면 기다렸다는 듯이 "실물자산이라서 자기만의 기준으로 리스크를 최소화할 수 있는 종목이라서요" 등의 이유를 숨 한번 끊어 쉬지 않고 말한다. 이런 이유 때문에 남편이 부동산에 더 매료된 것은 맞지만, 천둥 번개 치듯이 하늘의 계시가 와서 부동산을 선택한 것은 아니었다.

어릴 때부터 몸이 약하고 어디 하나 특출난 부분이 없던 남편은 시간이 흘러 직장 초년생이 되었고, 1년 동안 월급을 야금야금 모아서 천만 원이라는 종잣돈을 만들었다. 나였다면 어서 2천만 원을 만들고 싶어서 회사에 더 목을 매었을 텐데 남편은 달랐다. 천만 원이 찍힌 통장을 보고 그는 절망에 빠지게 된다.

1년에 천만 원씩, 10년 후 1억이라는 돈을 모으기 위해 애쓰는 자신의 미래가 예측되는 롤 모델들이 회사에 많았기 때문이다. 그중 같이 일하는 부장님은 그 업종에 뼈를 묻고 능력까지 인정받았으나, 그렇게 고된 현장에서 땀에 흠뻑 젖은 후 점심 메뉴를 고르는 기준이 먹고 싶은 음식이 아니라 가격이 저렴한 음식이었다. 담뱃값도 아깝다며 그 끊기 힘들다는 담배를 한 번에 끊는 부장님의 모습이 자신의 모습과 겹쳐 보여 무섭기까지 했다.

남편은 스스로에게 계속 질문했다. '정녕 내가 원하는 것은 무엇인가?' 질문의 답은 '돈을 많이 벌고 싶고, 부자가 되고 싶다'가 결론이었다. '부자가 되기 위해서 할 수 있는 것은 무엇일까?'로 고민은 꼬리를 물고 이어졌다. 남편은 '현실적으로 시간을 역행하여 소위 말하는 돈을 쓸어다 긁어 모으는 직업을 얻을 수 없고, 그럴 자신도 없다'라는 결과를 얻었다. 그리고는 바로 두 손 들어 항복했다. 그럼 여기서 선택할 수 있는 최선은 재테크뿐이라 판단했다.

앞서 말했듯 처음부터 하늘의 벼락을 맞고 진리를 깨우쳐서 바로 부동산을 선택하고 아파트 투자를 한 것이 아니다. 남편이 부동산에 관심을 둘 수 있었던 것은 우연히 친척 중에 원룸 임대를 전문으로 하는 실장님이 있었고, 사무실에 놀러 가게 되면서 부동산이라는 것을 알게 되었기 때문이다. 이후 남편은 무수히 많은 부동산 분야 중 촌집과 토지에 대해 매매를 하게 되었다. 성공한 투자도 있었지만, 실패도 있었다. 어린 나이의 패기로 보지도 않고 매수한 토지가 아직까지도 정리되지 못해 고생 중이다. 아무튼 그 시절로 인해 남편의 투자가 부동산 쪽으로 방향이 많이 기울어진 거지, 꼭 부동산 투자만 해야지 하는 것은 아니었다. 비트코인과 주식도 그 시절 동시에 투자했고, 이역시 아직 해결하지 못한 숙제들이 한 아름 차곡차곡 쌓여있다.

투자 성공도 했지만 실패도 성공만큼 했는데 왜 계속 부동산을 하냐고 끈질기게 묻는 이들이 있다. 남편이 아파트에 푹 빠지고 전업으로 전향할 만큼 과감하게 움직일 수 있었던 계기는 결혼을 위한 신혼집으로 아파트를 구매하게 되면서였다.

　나는 아파트에서 살아본 적 없던 사람으로, 친정은 제주도 작은 어촌 마을의 촌집이었다. 직장을 다니면서는 원룸 생활을 오래 하여 나로서는 아파트를 꼭 고집할 이유가 없었다.

　당시 남편은 아직 아파트 투자에 대해 공부하기 전이었는데도 불구하고 꼭 아파트를 구입하기를 바랐다. 그때 나는 '남편은 태어나서부터 지금까지 쭉 아파트 생활을 했으니, 신혼집은 아파트가 되겠구나'라고 어렴풋이 생각한 정도였다. 그러나 타지인 울산으로 시집온 입장이라 이 지역의 아파트 시세는 물론이거니와 아무것도 모를 때였다. 차 타고 가다 길에 내려주면 영락없이 미아가 되는 신세였다. 그때 우리의 자금은 남편이 가지고 있는 8천만 원과 내가 가지고 있는 3천만 원이 전부였다. 이 돈으로 혼수도 마련하고, 신혼집 준비에, 그 외 결혼식에 필요한 비용을 충당해야 했기에 많으면 많고 적으면 적을 수 있는 금액이었다.

　2018년 12월의 어느 날, 가족들과 다 같이 식사를 하던 와중에 남편이 갑자기 신도시에 있는 아파트를 사야 한다고 말을 꺼냈다. 같이 계시던 시어머니는 그 말을 듣고 "누가 이 시점에 아파트를 사냐"며 타박했지만 남편의 고집은 꺾이지 않았다. 그때까지만 해도 나는 남편에게 콩깍지가 단단히 씌어서 남편과의 결혼만 오로지 중요할 때라, 남편이 마마보이가 아니구나 싶어서 마냥 좋기만 했다. 그날 오후 남편은 나를 데리고 부동산으로 향했고, 그때가 내가 태어나서 처음으로 부동산을 방문한 순간이었다.

아무 생각 없이 따라왔지만 막상 부동산에 들어가니 얼마나 떨리던지. 부동산 소장님이 우리에게 바가지라도 씌울까 봐 속으로 '어디 해보실 테면 해보세요' 생각하며 어색한 옅은 미소를 띠고 고자세를 취했다. 경계를 얼마나 했으면 나를 현혹할까봐 대답도 최대한 짧게 "네"만 반복했다. 소장님은 다정하게 우리의 까다로운 조건을 꼼꼼히 들으시고는 현재 나와 있는 매물 중 가격 조정이 될만한 곳을 종이에 정리해 주셨다. 당시 매물을 내놓은 사람들에게 미안하지만 매도자에게 가격 조정이 되는지 전화도 많이 돌려주셨다. 무척 신경 써주시는 모습에 나중에는 너무 감사해서 소장님에게 커피와 케이크를 선물하기도 했다. 이제 와서 생각해보면 소장님 입장에서는 자식뻘 되는 아이들이 신혼집 구한다고 와서 콧대를 세우는 것이 얼마나 귀여워 보였을까 싶다. 그래도 지금은 많이 발전했다. 당시에는 '소장님'이라는 단어 자체도 생소하고 무서웠는데, 이제는 남편이 통화할 때 옆에서 "누구야? 어디 소장님이야?"를 아주 자연스럽게 물어본다. 남편의 전화 통화 10통 중 8통은 소장님이기 때문이다.

그렇게 소장님을 고생시켰던 까다로운 조건은 '꼭 초등학교가 단지 안에 있는 아파트로 중층 이상, 그리고 마이너스 프리미엄 4천만 원 이상인 곳'을 고집했다. 당시 그 아파트는 입주를 앞두고 있었고,

분양가가 4억 원 가까이였다. 계약금만 내고 프리미엄을 붙여서 팔려고 분양권을 2~3개 들고 있는 사람도 많았다. 그러나 경기 침체와 공급 과잉으로 인해 너나 할 거 없이 조금이라도 손해 덜 보려고 마이너스 프리미엄 물량이 쏟아졌다. 그러니 잔금 치를 여력이 안 되어 계약금을 포기해서라도 정리하고자 하는 매물이 많았다. 하물며 전세가 1억 4천인 곳도 있었는데, 전세가율이 40% 이하였다. 그만큼 그 아파트를 산다는 것은 누가 봐도 맨땅에 헤딩하는 꼴이었다. 비슷한 시기에 결혼한 지인이 있었다. 남편이 우리와 같은 아파트를 매매하라고 몇 번이나 이야기했지만, 그들은 대출 없이 전세로 들어갔다. 하물며 부동산 소장님도 입주 후 2년은 지나야 분양가를 회복하지 않겠냐 전망했었으니 말이다.

아무튼 그 까다로운 조건보다 더 까다로운 것은 남편의 고집이었다. 저층은 마이너스 프리미엄이 큰 매물도 있었지만, 남편은 중층 이상을 반드시 고집했다. 우리가 사고자 한 아파트의 옆 아파트에도 매물이 나와 있었다. 초등학교와 거리가 멀었고 세대 수도 적긴 했지만, 그래도 그렇지 마이너스 프리미엄 6천만 원이라는 말도 안 되는 가격에 나온 매물이었다. 그러나 남편은 고집이 얼마나 강한지 꼭 단지 내에 초등학교가 있는 아파트 아니면 안 된다고 단호히 거절했다. 그래도 그렇지 6천만 원인데, 얼마나 답답하고 아쉬웠는지 모른다.

그런데 희한하게 남편이 원한 단지에 마이너스 프리미엄 3,800만 원으로 15층 매물이 나왔다. 우리는 바로 계약을 결정하게 된다. 첫 아파트 매매이자, 남편이 전업 부동산 투자자가 되는 첫걸음이 되었다.

매도자는 50대 중반의 아주머니였다. 남편과 상의 없이 분양권을 매수했다가 가격이 떨어지니 스트레스를 너무 받아서 산다는 사람이 있을 때 파는 것이었다. 분양금의 10%인 계약금을 모두 포기하면서까지 말이다. 아주머니 부부는 계약서 쓰기 전날 크게 부부싸움을 했다고 했다. 계약 당일, 매도자와 매수자가 말 한마디도 없이 살얼음판 위를 걷는 것 같은 냉랭한 분위기에 계약서를 썼다. 무주택으로 2년 후 비과세를 염두에 두어 내 명의로 매매했다. 소장님의 설명에 따라 날인하며 '그렇게 싸웠다면서 같이는 왔네' 생각을 했던 기억이 난다.

입주가 시작되었고 달콤한 신혼생활에 더 달콤한 일이 벌어졌다. 입주 기간이 끝나고 두어 달이 지나 분양가를 다 회복한 것이다. 그때까지만 해도 '이게 오른 게 맞는 건가? 이러다가 떨어질 수도 있고…' 하는 생각에 어리둥절했다. 왜냐면 분양가를 회복했다는 것 자체만으로도 마이너스 프리미엄 3,800만 원에 산 우리는 3,800만 원을 번 게 되었기 때문이다. 그리고는 한 달이 채 지나지 않았는데 몇천만 원이 높은 실거래가가 올라왔고, 실거래가보다 더 높은 호가가 등장했다. 그렇게 몇 번 반복하며 아파트 가격은 수직 상승했다. 가격 상승에 눈을 떼지 못하던 남편의 모습이 눈에 선하다.

얼마 지나지 않아 남편이 아파트 투자 기초강의를 들으러 가자고 했다. 누구나 손쉽게 들을 수 있도록 강의가 많이 열려있었기에, 우리는 함께 투자 수업을 듣게 되었다. 임신으로 인하여 초급만 수료한 나와 다르게 중급, 고급 과정을 연달아 공부한 남편은 급기야 전업 부동산 투자를 하겠노라 선언을 하게 된다.

남초 회사의 엔지니어로 일하던 나는 임신으로 육아휴직을 얻어내기 위해서는 출산 예정일 45일 전까지는 회사를 기필코 다녔어야 했다. 내가 있는 현장의 준공이 얼마 남지 않아 이를 악물면서 새벽에 출근하고 별을 보며 퇴근하는 일상이 주말까지 이어지고 있었다. 그 와중에 남편의 전업 투자 선언에 되레 잘됐다고 생각했다. 임신했으니 일을 그만두라고 해도 모자랄 판에 남편의 전업 선언은 나에게 아기가 나오기 직전까지 일하라는 말과 같았다. 그럼에도 불구하고 그 선택을 응원하고 남편에게 과감하게 투자하게 된 이유는 있었다.

첫 번째로 부동산 투자 초급 수업을 함께 들은 덕분이었다. 얼마나 떨어져야 저평가인지, 그래서 얼마나 오를 건지의 기준을 데이터로 분석하여 자기만의 기준이 있는 투자를 한다면 부동산으로 돈을 번다는 것에 승산이 있겠다고 생각했다. 남편이 자신만의 기준을 발견했다 외치며 서재에서 뛰어나왔던, 광기에 젖어있던 얼굴을 잊을 수 없다. 우리는 '남편만의 투자 기준'을 '용신 비기'라 부른다. 만화《드

전업 부동산 투자자의 가족으로 산다는 것

래곤볼》에서 드래곤볼 7개가 모이면 용신이 나타나 소원을 들어준다. 그것을 본떠 우리의 모든 숙원을 이루어주는 비기라 하여 '용신비기'라 이름 붙였다. 우리 신혼집이 얼마나 오를까 이야기하며 남편이 예상 금액을 입 밖으로 꺼냈을 때, 나는 터무니없는 금액이라고 타박을 주곤 했다. 하지만 하루가 다르게 남편의 예상대로 되어가고 있었다. 그리고 조금 더 지나자 우리 아파트는 예상 금액보다 더 높은 금액으로 실거래가 이루어지고 있다. 최근에는 주춤하지만 그 금액이 남편이 예상한 금액과 거의 오차가 없었다.

두 번째는 남편의 반짝이는 눈빛이었다. 전업을 외치는 남편의 눈빛은 초등학교를 품은, 마이너스 프리미엄 4천만 원 이상, 중층 이상의 매물을 고집할 때의 눈빛과 같았다. 정말 부모님이 도둑이어서 밤하늘의 별을 훔쳐다가 남편 눈에 넣은 것처럼 반짝였고, 목소리는 확신에 차 있었다.

세 번째는 오늘 이 가격이 가장 저렴한 가격이라는 것을 우리가 몸소 느꼈기 때문이다. 남편이 전업을 선언할 때는 6년 동안 열심히 직장 생활하며 모은 나의 결혼자금 3천만 원이 우습게, 우리의 첫 투자 신혼집은 1억이 넘게 오른 후였다. 일과 병행하여 투자를 한다는 것은 작은 것을 위해 큰 것을 쪼개어 반만 취한다는 것과 같다고 생각했다. 그래서 남편의 선택에 나도 뛰어들었다.

이 세 가지 이유로 나는 남편에게 투자했다. 남편이 전업을 하기 위해 준비한 것들이 있지만, 나는 단 세 가지 이유만으로 남편에게 지금의 나와 미래의 나를 걸었다. 남들은 우스갯소리로 여기던 '남편은 부동산에 투자하지만, 나는 남편에게 투자한다'는 말이 진심일 수밖에 없다.

전업 투자가 가능하게 되려면

전업 투자가 가능하게 되려면 몇 가지 난관을 뚫어야 한다. 1차적으로 남편은 나의 불안감을 잠재워야 했다. 출산이 얼마 안 남은 데다 회사 업무도 무척 많아 새벽 별이 떠 있을 때 출근하고 다시 별이 뜰 때 퇴근해야 해서 많이 예민한 상태였는데, 그런 나에게 전업을 선언한 것이다. 하지만 당시에는 화가 나기보다 '저 사람에게 다 계획이 있겠지'라고 생각이 들어 처음에는 되레 응원하였다.

그렇게 응원할 수 있었던 것은 드라마의 영향이 컸다. 남편이 하고 싶다는 일에 말려 불화를 일으키고 싶은 마음도 없었고, 회사 동기들이 외벌이로도 아기 둘을 잘 건사하는 것을 본 것도 있었다. 만약 남편의 일이 잘못되더라도 다시 내가 일하러 가면 된다고 단순히 생각했다. 그런데 막상 뚜껑을 열어보니 남편은 순수하게 직장을 다니면서 투자를 한다는 것은 손해 보는 일이라 생각하고 있을 뿐, 그다음 계획은 전혀 구체적이지 않았다.

출산 휴가라는 고지가 얼마 남지 않았을 때 배가 불러서 서 있는 것도 힘들었다. 회사에서 배려해서 육체적인 일을 하진 않았지만, 일터가 현장이기에 안전화를 신는 것만으로도 다리가 퉁퉁 부었다. 퇴근길에 고개를 숙이며 우는 것도 다반사였다. 이를 악물고 회사에 출근하며 출산 휴가 시작일을 손꼽아 기다렸지만, 막상 그날이 되면 수당이 나오지 않아 월급이 반토막 될 것이 뻔하니 마음이 싱숭생숭했다. 그래서 출산 휴가를 가지 말고 출산일까지 버텨야 하나 고민한 적도 있다. 하지만 출산 휴가라는 게 '90일 동안 이 사람은 일 못 해'라며 나라에서도 인정한 것 아닌가.

몸이 정말 너무 힘이 들어서 스스로도 버틸 자신이 없는 상태였다. 그렇게 이러지도 못하고 저러지도 못하는 와중에 출산 휴가가 정말 코앞으로 다가오고 있었다. 나 혼자 계산기를 아무리 두들겨봐도 답이 안 나오는데, 남편은 출산 휴가 후의 일에 대해서 언급하지 않았다. 그러나 그사이에 투자한 아파트들이 콩나물에 물 주듯 쑥쑥 가격이 오르니까 '다 잘 돼 가는구나'라고만 생각했다. 하지만 그건 순진하고 막연한 생각이었다.

아직도 기억이 생생하게 난다. 비 오는 날 카페에 앉아서 남편과 근 3개월간의 지출 내역을 계산했다. 곧 나의 분노 섞인 울음소리가 카페를 가득 채운다.

　기본적으로 남편과 나의 소비 습관은 세세한 것에는 그렇게 연연하지 않는 스타일이다. 그 점은 결혼 전에도 알고 있었다. 그래도 대략적인 큰 그림은 있을 줄 알았는데 남편은 한 달에 생활비가 어느 정도 필요한지도 감을 못 잡고 있었다. 그래서 부부로서 필요한 공적인 돈을 제외하고, 각자 필요한 금액만 합산하기 시작했다. 남편은 한 달에 최소한 150만 원이라는 돈이 필요했다. 자동차 기름값도 부부의 공적인 돈으로 포함하였으니, 말 그대로 남편의 품위유지비가 대략 150만 원 정도 필요한 것이었다. 나 또한 품위유지비가 필요했다. 통신비, 보험료 등 세세한 돈은 내 개인 계좌에서 나가고 있어서 남편은 내가 숨만 쉬어도 지출되는 금액을 모르고 있었다.

　출산 자체가 얼마 안 남은 시점까지도 계속 나를 힘들게 한 생활비 고민이었지만, 우습게도 남편은 전혀 알지 못했다. 머릿속에는 오로지 투자뿐이었다. 나는 억장이 무너져 엉엉 울면서 남편에게 "어떻게 할 거냐"고만 계속 물어보았다.

　나는 어릴 때부터 할머니 손에 컸다. 하지만 혼자 자랐다고 생각해도 될 만큼 무엇이든 혼자 결정해야 하는 환경에서 자랐다. 그 말은 곧 누군가에게 의지해본 적이 없다는 말이다. 그래서 설령 남편이라도 누군가에게 돈에 관해서 손을 내민다는 것은 꼭 구걸하는 느낌마저 들었다.

이제 일을 못하니 남편이 나에게 생활비를 주어야 한다는 것은 왠지 나의 쓸모가 다한 것 같아 당시에는 자존심이 많이 상하는 주제였다. 그러나 더 이상 미룰 수 있는 주제가 아니었기에 용기를 내어 돈 이야기를 꺼낸 거였다. 하지만 나에게도 매월 기본적인 비용이 필요하다는 것을 아예 인지하지 못하고 있는 남편을 보니 서글픈 마음에 울음이 터지고 말았다. 그도 그럴 것이 나는 결혼 후 개인적으로 필요한 금액은 부업으로 충당했고, 부족할 경우 월급에서 아주 소액만 빼고는 남편에게 전부 다 주었기 때문이다.

부인인 내가 돈 관리를 하지 않는 것을 모두들 의아해한다. 사실 남편을 만나기 전에 만났던 남자 친구의 돈 관리를 내가 한 적이 있었다. 그래서 돈 관리가 얼마나 머리가 아픈 일인지 알았기에 결혼 후에는 하고 싶지 않았고, 남편이 투자만 하면 아파트 가격이 쑥쑥 오르니 모든 돈을 남편에게 주는 것이 우리 가족의 필승법이라 생각했다.

그러나 그것이 독이 되었다. 마지노선이 없었기 때문이다. 남편의 품위유지비로 필요한 돈 150만 원, 그 외 공적으로 필요한 각종 공과금과 생활비를 더하면 못해도 매달 500만 원은 있어야 하는 상황이었다. 그런데 나는 출산 휴가로 3개월 동안 200만 원 남짓 들어오고, 그 이후에는 육아휴직이 되어 더 적은 돈이 들어올 예정이었다.

이렇게 되니 매번 기록을 갈아치우는 아파트 실거래 신고가(새로운 고점 가격)는 당장은 아무런 도움이 되지 못하였다. 미래의 돈은 우릴

전업 부동산 투자자의 가족으로 산다는 것

기다리지만, 오늘은 당장 굶어 죽을 판이었다. 이 일을 계기로 '보기 좋은 떡이란 것이 있구나'를 뼈저리게 느끼게 된다.

그 자리에서 "그럼 어쩔 거냐!" 절규 섞인 울음만 남기고, 아무런 답을 찾지 못했다. 도저히 답이 나오지 않았다. 그렇게 남편의 전업 철회와 출산 후 딱 한 달 쉬고 복직, 두 선택 사이의 기로 앞에 섰다.

그런데 부동산 신이 있다면 이런 것이었을까? 남편은 계시를 받는다. 바로 뉴스에도 나온 적 있는 아파트의 분양권이었다. 부실 공사로 유명한 아파트였는데 보수공사가 늦어져 입주도 계속 늦어지고 있었다. 입주뿐만이 아니다. 아파트의 잔금대출이 나오지 않아서, 입주 예정자들은 발을 동동 굴리며 매일 아침 밤마다 현장을 기웃거리고 있었다. 그 당시에 아파트 인근에는 공사 하도급 업자들이 떼인 돈을 받는다고 농성을 지속하고 있던, 보기에도 살벌한 아파트였다.

그런데 그 지역의 아파트 가격이 상승세를 타기 시작했다. 그 아파트는 총 세대수가 약 700세대였고, 400세대 정도가 미분양되어 있던 상태였다. 지역 내 부동산 분위기가 좋아지자, 미분양 물건을 회사에서 풀기 시작했다. 지역 내 아파트 브랜드 이미지가 완전 실추된 상황이었고, 공사가 언제 끝날지도 모르며, 대출 상황마저도 확실하지 않아 투자로 분양권을 산다는 것은 짚을 안고 불에 뛰어드는 모양새였다. 그런데 남편은 그 분양권을 급작스럽게 산다.

카페에서 생활비에 대해 토로하고 난 뒤, 약간은 냉랭한 상황이었다. 하루는 잠을 자기 위해 침대에 누워있는데 갑자기 남편이 "나 내일 저 아파트 분양권 사야겠어"라고 말을 했다. 생활비도 없어서 애 낳자마자 일하러 가야 할 판에 약간 미친놈 같았다. 남편은 없는 돈을 또 어디선가 만들어내 분양권을 산다고 했다. 후에 알게 되었지만, 남편은 그 아파트 분양권이 우리의 생활비 밑천이 되어줄 것이라 생각했다고 한다.

나는 타지에서 시집온 거라 그 아파트가 어떤 아파트인지도 몰랐고 관심도 없었다. 어차피 최악은 출산 후 최소한 한 명은 무조건 생계를 위해 일하러 나가는 것이었다. 하지만 남편이 말한 아파트로 단기투자를 하여 성공한다면? 남편은 더 자신감을 가지고 투자에 몰두할 것이며, 나는 몸을 회복하여 아이와 함께 할 수 있을 것이다. 심플하게 정리하니 누가 봐도 최선의 결정은 '도전'이었다.

해당 아파트의 분양권은 주변 아파트 시세 대비 아주 저평가 상태였는데 여러 가지 불안 요인들 때문에 가격이 상승하지 않았다. 남편은 그 타이밍에 뭔가 될 것이라 생각했다. 남편의 신용대출은 이미 최대였다. 그래서 나의 이름으로 대출을 받아야 했다. 한도는 2,900만 원으로 모두 신용대출을 받는다. 나도 승부수를 던진 것이다. 거기에 우리가 가지고 있던 1,500만 원을 보태고, 지인들에도 돈을 빌려 분양권 두 개를 매수했다.

분양권을 사고 약 두어 달 후 미해결이었던 공사 일정의 마감일이

들려왔고, 대출 문제도 어느새 해결되고 있었다. 정말 신비롭게도 분양권의 프리미엄 가격이 치솟기 시작했다. 우리는 세금을 제하고 총 4천만 원 상당의 수익이 생겼고, 이 돈은 남편의 전업 투자자로서의 생활비인 쌈짓돈이 된다.

이 사건 이후, 남편과 나는 생활비와 투자금을 명백히 분류했다. 남편이 가지고 있는 돈은 업무추진비와 투자금, 내가 가지고 있는 돈은 생활비가 된다. 내 생활비 통장에 잔액 2천만 원은 항상 유지해 주기로 남편과 합의하였다. 이자에 대한 부분은 생활비 영역이 아니니 남편이 가지고 있는 업무추진비에서 나가게 했다. 이자 통장을 개별로 두고 거기서 돈이 항상 출금되게 하여, 일상생활에서 이자와 생활비에 대해 불안감을 느끼지 않도록 하기로 정했다.

이 룰은 절대적이며, 만약 규칙을 지킬 수 없다면 남편의 선택지는 두 가지다. 돈을 훔쳐서라도 채우던지, 아니면 사둔 아파트의 가격이 오를 게 예상되더라도 가지고 있던 걸 팔든지. 그렇게 구분하지 않으면 남편은 있는 돈 없는 돈을 다 끌어다 투자를 할 것이다.

생활비를 무조건 남편이 충당하는 것은 불공정하다고 생각한다. 한 사람이 너무 많은 짐을 지는 것도 옳지 않다. 그리고 나도 능력이 있다. 그래서 복직을 하는 것에 일언반구 하지 않는다. 하지만 나라에서 정해준 '돌까지는 아이 옆에 있어 주세요' 기간인 육아휴직 기간만큼은 아이 옆에 있어 주고 싶다.

어깨가 무거운 남편에게 남은 난관은 나도 아니고, 생활비도 아니었다. 가장 무서운 것은 '시간이 흐른다'는 것이다. 시간은 공평하게 흐르지만, 남편은 그 시간을 경제적 자유로 재창출해야 하기 때문에 더 시간에 쫓기듯이 산다. 직장 생활하는 사람은 연차를 쓰고 하루 힐링할 수 있지만, 남편은 가족끼리 힐링하러 가는 그 시간조차도 소위 쉬는 게 쉬는 것이 아니었다. 무엇이든 구애받지 않고 집중할 수 있는 시간, 그 시간을 가지기 위해 경제적 자유를 좇고 그 시간을 통하여 남편과 나는 그다음의 새로운 부를 축적해 나간다.

남편은 그렇게 어려운 난관을 뚫고 전업 투자자로 거듭난다. 전업 투자자가 된 후 남편은 항상 시름에 잠겨 깊게 생각한다. 시간을 쪼개서 쓰기 때문에 항상 바쁜 그의 머릿속엔 24시간 내내 투자로 가득 찬 것만 같다. 그게 스트레스가 되어서 시간을 어떻게 활용하면 시간의 질이 높아질지 강박처럼 생각한다.

투자자의 효심

남편을 만나기 전에는 효도라는 것이 엄마가 기뻐하는 것이라고 가볍게 생각했다. 엄마가 늙을 거라고 생각하며 살지도 않았기에 '노후를 책임져야 한다'는 생각도 당연히 하지 않았다. 그래서 친정 부모님 생일에 비싼 선물을 사드린다던가, 아니면 일반 직장인이 주기에 부담스러운 용돈을 드리면 효도한 것이라 여겼다. 선물을 드리면 친정 부모님은 기뻐하셨고, 그 모습을 보고 '나만큼만 하면 효녀지'라고 자화자찬했다. 사실 보고 배운 게 그거라서 그게 효도인 줄 알았다.

친정 부모님은 어릴 때부터 스스로 결정하는 것을 중요한 교육관으로 여겨 나의 삶에 이러쿵저러쿵 일절 참견하지 않으셨고, 나도 부모님의 방식을 존중하는 게 맞다고 생각했다. 친정 부모님뿐 아니라 내 주위 대부분의 사람이 그런 스타일이어서 다른 건 생각해볼 필요도 없었다. 나 하나만이라도 잘 건사하기 벅차다 여겼다. 부모님 생일 선물이 담배 두 보루인 지인도 있었다. 아무리 부모님이 좋아한다고 해도 그렇지 건강에 안 좋은 담배를 선물하는가 생각을 잠깐 하기도 했었지만 결론은 '선물을 받는 사람이 좋아하면 됐지'였다.

하지만 남편은 달랐고, 나의 모든 가치관을 흔들어 놓았다. 내 눈에 남편은 시부모님이 자기를 위해서 희생하는 것이 당연하다고 여기는 듯 보였는데, 참 뻔뻔하다는 생각이 들었다. 그뿐만이 아니다. 부모님 생신에 드리는 비용 등 경조사비도 반대할 때는 '진심인가?' 하는 생각에 처음에 너무 당황스러웠다. 내가 아는 부부들은 누가 누구 집에 얼마 더 준다고 싸운다는데 우리는 반대였으니 말이다. 돈을 드리지 말자는 남편에게 겨우겨우 친정에 드릴 거니까 공평하게 시댁에도 드려야 한다고 우겨 경조사마다 20만 원을 꼬박꼬박 챙겨 드리고 있다.

현재 우리 가족은 합가하여 시부모님과 우리 부부 그리고 아기 둘, 이렇게 6명이 오순도순 살고 있다. 남편이 생활비를 내기는커녕 공과금도 안 내려는 것을 겨우 내고 있다. 이런 행위들은 내가 생각하는 전형적인 불효자식의 모습이었다. 그런데 지금은 그렇게 생각하지 않는다.

남편이 생각하는 효도는 '부모님께 경제적인 부담을 주지 않고 같이 잘 사는 것'이었다. 그 말은 부모님의 노후를 책임진다는 것이다.

나는 한 번도 우리 친정 부모님의 노후를 책임지겠다는 생각은 해보지 않았다. 그것은 너무 먼일이고 우리 부모님은 나의 도움을 받을 만큼 나약하다 생각하지 않았기 때문이다. 그런데 결혼식에서 혼주 화장을 해도 가려지지 않는 엄마의 깊은 주름, 직업이 어부이다보니 너무 까맣게 타서 양복이 촌스러워 보이는 아빠의 모습이 마음 한편에 짠하게 남아 있다.

처음에는 나이가 서른이 넘었는데 아기같이 구는 남편의 모습에 '왜 저리 철이 없을까?'라고 생각했는데, 남편의 효의 정의는 나를 돌아보는 계기가 되었다. 부모님이 가장 필요한 것은 무엇일까 생각했을 때 내가 열심히 만 원, 2만 원 모아서 엄마 금반지 해줘 봤자 그때뿐이라는 생각이 퍼뜩 들었다. 부모님이 가장 필요한 것은 멀게는 부모님의 노후를 준비하는 것, 가깝게는 그냥 잘 사는 모습을 보여주는 것이고 그 외의 것은 모두 이벤트라는 것을 깨달았다. 우리의 이런 생각을 들은 지인들은 "있을 때 잘해"라고 말한다. 그러나 분명 우리 부모님은 세월을 이기지 못할 것이고, 노후를 걱정할 시기에 노후 준비를 한다는 것은 많이 늦다.

우리가 이렇게 부모님을 위해 무언가 준비하고 계획하는 것이 얼마나 큰 기쁨인지 모른다. 부모님 또한 자신이 자식들에게 무언가 해줄 수 있다는 것에서 기쁨을 느끼신다. 부모님에게 철없는 자식이될 것이다. 그리고 세월이 지나 부모님을 지탱해줄 것이 필요할 때 우리는 지팡이를 사주는 자식이 되기보다는 든든한 지팡이가 되어줄 것이다.

2018년 12월, 신혼집으로 첫 아파트 매매를 진행할 때 시어머니는 "요즘 누가 아파트를 사느냐"며 친구 자제분들이 전세를 들어가는 사례를 말해주었다. 우리가 산 아파트도 전세로는 당시 시세보다 절반 이하의 가격으로 들어갈 수 있었다. 이것이 가능했던 가장 주된 이유는 지역 내 경기 침체와 대단지의 입주로 인한 공급과잉으로 온 다시는 볼 수 없는 전세 바겐세일로, 그 당시에는 매매보다 당연히 전세가 맞는 정설이었다. 같은 시기에 결혼한 지인 또한 남편의 설득에도 대출 없이 전세로 바로 옆 아파트에 입주했다.

어머니의 반대에 남편은 단호하게 "내가 알아서 합니다"라고 선언했지만, 사실 부모님의 말을 어기고 그렇게 말하면서 겁이 났다고 한다. 얼마나 겁이 났는지 아무것도 모르면서 자기 조건에 맞는 매물을 내놓으라고 소장님에게 떼를 쓰고, 가계약금을 걸고 명의 변경 전까지 확신이 없어서 매주 주말마다 부동산 사무실에 찾아가서 소장님에게 "잘한 거 맞을까요?" 하고 몇 번이나 물어보았다. 이 선택에 대한 근거가 없으니 확신을 얻고자 매번 재촉하며 물어보았고, 소장님이 끝내는 지쳐서 "잘 산 거 맞으니 그만 가 봐라"라고 직접적으로 말씀했다.

그 말을 들은 남편은 그제서야 안도감을 얻었다. 자기가 사자고 해

전업 부동산 투자자의 가족으로 산다는 것

놓고 불안해하는 남편의 모습이 나는 의아하게 느껴졌지만 앞에서는 그런 내색을 비추지는 않았다. 아직 복비가 입금도 되지 않았는데 축객령을 내릴 만큼 남편이 소장님을 얼마나 귀찮게 했을지 알 수 있는 일화다. 시간이 지나서 우리가 산 가격은 무릎에서 산 게 아니라 발바닥에서 산 거였다는 걸 알게 되었지만, 당시 우리에게는 잘 산 건지 못 산 건지의 기준조차 없었다.

가계약금을 입금하고 걱정과 달리 남편의 통보에 어머니는 크게 당황하지 않고 알겠다며 바로 전화를 끊었다. 일절 다른 말씀 없이 바로 끊어버리셔서 그게 더 당황스러웠다. 내가 걱정하던 예상 시나리오는 당장 가계약금을 포기하라며 강압적으로 나오실 수도 있겠다 걱정했는데, 걱정이 무색하게 그 이후 일절 언급하지 않으셨다. 나중에 어머니에게 여쭤보니 보태줄 것 아니니 아무 말 않으셨다고 하셨지만, 그렇게 "알겠다" 한마디 후 입주할 때까지도 아무런 언급을 하지 않으셔서 많이 놀랐다.

부모님은 아무 말씀도 안 하셨지만 걱정되는 마음에 이렇게 계약을 진행해도 되냐고 몇 번이나 남편에게 되물었다. 남편은 "너랑 나랑 살 집이니 내 말대로 하면 돼"라고 하였고, 그 말이 든든하게 여겨졌다. 이 사람과 결혼하는 거니 남편 말대로 하는 게 맞다는 생각에 나도 더 이상 아무 말 하지 않았다.

주변 사람들은 모두 말리고, 나도 타지로 시집오는 거라 아무것도 모르며, 남편조차 처음이었던 아파트 매매는 그렇게 진행됐다. 더욱이 분양권 상태로 전매하는 거라 물어볼 사람도 없었다. 그래도 그렇게 큰돈이 오가는데 하루 종일 그 생각만 한다든지, 심장이 두근두근 하루 일과가 안 된다든지 그러진 않았다. 도리어 '값이 떨어지면 평생 사는 것이고, 안 떨어지면 나중에 팔고 이사 가는 것이다' 하며 긍정적으로 생각하려고 노력했다. 남편에게 이렇게 얘기했더니, 넌 참 대담하다며 신기해했던 기억이 난다.

우리가 아파트를 매매할 시기에는 거치기간을 5년으로 두어 원금과 이자를 같이 갚을 필요가 없었다. 매달 이자만 70만 원 정도 나왔는데, 그 정도는 둘이 벌어서 문제가 없겠거니 생각했다. 또 다들 집 살 때는 빚진다는데 남들 다하는 거 했으니 크게 문제 되겠느냐라고 조금은 단순하게 생각했다. 그리고 반푼이 마냥 남편이 마마보이가 아니라는 사실에만 되레 신이 났다.

맘 편한 나와 다르게 남편은 부모님의 말을 듣지 않고 자기 마음대로 진행하였기에 가격이 떨어질까 봐 전전긍긍했다. 그 당시 우리가 가지고 있는 돈으로 억지로 쥐어짜면 전세도 대출 없이 가능했었는데, 부모의 말을 어기고 매매를 밀어붙였으니 말이다. 그런데 매수한 아파트는 무서운 속도로 가격이 치솟기 시작하였고, 덩달아 남편의 어깨도 올라갔다. 나중에는 시부모님이 그때 아파트 사는 것을 반대해서 미안하다고까지 하셨는데, 여기서 '미안하다'는 말은 남편에게 큰 의미가 있었다. 남편이 그 말에 집착하게 된 사연은 신혼집을 매매하기 2년 전으로 되돌아간다.

바야흐로 2016년, 남편은 부모님 집에서 같이 생활을 하고 있었다. 살고 있던 집은 1990년 식의 구축 아파트로, 남편은 그 집을 매도하고 신축 아파트의 전세로 살다가 분위기가 바뀌는 시기가 오면 다시 아파트를 매수하자고 주장했다. 가족들은 남편의 말에 알겠노라 동의하였다. 그 후 남편은 바로 부동산에 집을 내놓고 집 구석구석을 예쁘게 찍어서 부동산에 보내 주는 등 열심이었다. 결과적으로 집은 팔지 못했고, 거기서 결혼할 때까지 거주하게 된다. 못 판 이유는 시아버님이 주·야간으로 근무하셨는데, 그 집을 내놓을 당시 아버님은 야간근무를 하는 시기였다. 아버님은 새벽까지 근무 후 다음 날을 위하여 낮에는 충분한 휴식이 필요했다. 그런데 부동산 소장님과 집을 보러 오는 사람들이 하루 종일 들락거리니 불편함이 이만저만한 것이 아니었다. 남편은 집을 빨리 매매하고 싶었기에 아버님이 양보하여야 한다고 생각했다. 그렇게 좁혀지지 않은 생각의 차이로 아버님과 갈등이 생긴 것이다. 어쨌든 부모님의 집이었으므로 아무리 허락하셨다지만 남편이 무작정 주장만 할 수는 없었다. 그래서 결국 부동산에 내놓은 매물을 걷어 들였다. 남편의 계획은 물거품이 된 것이다.

남편은 그때 어렸고, 소위 말하는 '감'만 가지고 밀고 나갈 근거가 없었다. 그러나 시간이 지나고 그 당시 살던 구축 아파트는 합가를 위하여 팔 때 처음 집을 내놓을 당시보다 가격이 많이 떨어진 상태로 팔 수밖에 없었다. 또 시부모님이 그렇게 말렸던 신혼집 가격도 남편의 이론대로 흘러가니, 시부모님은 남편에게 미안하다는 말을 하게 된 것이다. 그 한마디에 힘입어 우리 부부는 나름 집안을 일으키기 위하여 다음 단계를 밟아가기 시작했다.

첫 번째는 양가 부모님을 설득하는 것이었고, 두 번째는 설득과 동시에 우리의 결정을 실행하는 것이었다. 세 번째는 부동산 담보 대출을 여윳돈이 생길 때마다 갚지 말라는 것이었다. 빚지기 싫어서 자가가 아직 없는 친정에게는 이 원칙을 더 중요하게 적용했다.

세 번째 원칙은 레버리지와도 관련이 있다. 내가 투자한 자금이 '내 자본＋대출'이었다면, 여유가 생겨 대출금을 조금씩이라도 상환하는 것이 아니라 여윳돈이 모일 때는 다음 투자를 진행하자는 협의를 했다.

나도 부모가 되어보니 부모님의 마음을 조금 알 것 같았다. 아이들이 밤낮으로 고되게 일하여 선물 하는 거 물론 좋다. 그러나 그것이 좋은 이유는 그렇게 값진 돈으로 엄마를 생각해준 것에 고마운 것이지, 그 물건 자체만으로 좋은 것은 절대 아니다.

부모님의 인생 경험 중에 부동산과 관련된 경험은 많을 수도, 적을 수도 있다. 보통은 손에 꼽을 정도의 부동산 거래 경험이 있으니, 부동산과 관련된 부모님의 조언은 맞을 수도 있지만 틀릴 수도 있다. 우리가 부모님의 말을 듣고 살았다면? 친정이 남편과의 결혼을 반대할 때 난 남편과 결혼을 하지 않았을 것이고, 남편은 아직 감만 좋은 회사원이었을 것이다.

재테크를 고민하는 사람 중에 혹시 부모님 말을 어기는 것이 무서워 그것이 최대 난관이라고 생각하는 분이 있는가? 그렇다면 어기는 것이 효도이다. 잘 살려면 부모가 하지 말라고 해도 저지를 수 있는 결단이 필요할 때가 온다. 부모님은 항상 자식의 편이다. 당신이 있어야 부모님도 있는 것이고, 부모님은 당신이 있기만 해도 감사함을 느낀다.

왜 시부모님과 합가까지 하였나

시부모님과 합가를 한 것은 남편이 전업 투자자가 되겠다는 시점에 일어난 일이다. 사람들은 나에게 "시부모님이랑 같이 산다니 힘들어서 어떻게 해요"라며 측은한 눈빛으로 바라보고, 조리원 아주머니들은 시부모님 흉을 보면서 끝맺음 할 때는 살짝 나를 바라본다.

그뿐 아니라 시집 방향으로는 오줌도 안 눈다더니, 친구들은 내 시부모님인데도 불구하고 '시' 자만으로도 거부감이 드는지 우리 집에는 놀러 오지도 않는다. 그들을 이해하지 못하는 것은 아니다.

제주도가 고향인 나는 부모님이 제주도에서 일을 하시느라 어릴 때부터 육지에서 할머니 밑에서 자랐다. 결혼 전까지는 거의 혼자 산 것과 같은 삶을 살았다. 너무 오래 혼자 살다보니 외로운 게 무엇인지 몰랐고, 혼자가 살기에 참 편하다는 것 또한 몰랐다. 그래서 내가 가지고 있는 편안함보다 결혼이 주는 안정감을 동경했고, 아무 준비 없이 결혼이라는 것을 했다. 하나에서 둘이 되자마자 결혼 6개월 만에 합가까지 하니, 그제야 나 역시도 '이게 무슨 상황이지?' 생각이 번뜩 들었다.

합가 이야기가 오고 가기 시작한 시기는 첫 신혼집 가격이 가파르게 상승하기 시작한 상태에서 남편이 부동산 공부에 열을 올려 자신만의 기준이 생기기 시작하면서부터이다. 남편은 소위 '감'이 아닌 '뚜렷한 기준'을 잡았다며, 자신이 꿈꾸는 효도인 '경제적 자유'를 부모님과 함께 이루기 위해 시부모님의 자가를 팔고 합가를 제안한다. 그리고 결국에는 시부모님을 설득했다. 시부모님은 일단 남편의 말대로 부동산 시세가 계속 오르고, 과거 데이터를 가지고 증명하니 '속았다는 생각 반, 믿음 반'으로 허락해주셨다.

처음부터 바로 설득이 된 건 아니다. 시아버님은 2년 후 정년퇴임을 맞이하시는데도 불구하고 자가를 팔고 투자를 하자는 남편의 제안을 결국 받아들였다. 역정을 내도 모자랄 판에 '그러하겠다'고 승낙하신 것은 아직도 믿기지 않는다. 아버님의 은퇴는 곧 시부모님의 노후가 시작된다는 것을 의미한다. 그 중요한 시점 코앞에서 뜬금없이 아들이 나타나 부동산 투자를 하기 위해 평생을 살아온 아파트를 팔자고 하다니, 내 눈에는 남편이 사업자금 달라고 떼쓰는 망나니와 다를 게 없었다.

그 당시 집도 집이지만 나도 임신 초기 상태였다. 시부모님도 이제 아들 장가보내서 노후를 좀 즐길 줄 알았는데, 봉양 받아도 모자랄 판에 임신한 며느리를 위해 돌보고 살아야 할 상황에 놓이니 얼마나 암담했을 지 상상이 안 간다. 그러나 결혼할 때 도와준 게 없다며 마음 아파하시던 시부모님은 이렇게라도 도울 수 있다면 하겠노라고 나섰다. 당시 시부모님은 아들을 위해서 2~3년은 군대 간다 생각하고 합가를 결정한 것이기 때문이다.

시댁은 1990년대의 구축 아파트로 대출 없는 자가였다. 남편은 그 아파트를 1억 2천만 원에 매도하고, 그 후 바로 4억 6천만 원의 지방 광역시 신축 아파트를 매수한다. 갭 투자였기에 전세를 2억 8천만 원에 맞추고, 나머지 금액 6천만 원과 부대비용은 시부모님의 노후 자금을 탈탈 털어 충당하게 된다.

그렇게 우리는 33평 신혼집에 두 세대 가족이 모이게 된다. 신혼집에 처음 입주했을 때는 33평이 너무 넓어서 안 쓰는 방도 있었는데, 두 세대가 모여 살려니 참 좁았다.

우리는 뭉쳤다가 다시 흩어질, 경제적 자유를 추구하기 위한 잠깐의 동맹이었기에 각자의 짐을 처분하지 않고 합가를 했다. 그랬더니 냉장고가 3대에, 오갈 곳 없던 김치냉장고와 건조기가 거실 한 구석을 각각 차지하였다. 정말 짐이 많았다. 거기다 아기가 태어나면서 폭발적으로 짐이 늘기 시작했는데, 정말 감당 불가능할 정도로 짐이 늘어났다.

아기가 태어나고서는 집이 너무 좁아 2021년 초, 넓은 53평으로 이사해서 이 글을 쓰는 현재까지 지내고 있다. 지금도 충분히 넓지만, 아기도 사람이라 인원수에 들어가니 한편으로는 조금 더 넓어도 좋을 것 같다는 생각이 든다. 참, 사람의 욕심은 끝이 없다.

솔직히 나에게도 신혼의 로맨스라는 개인적인 바람이 분명히 있었다. 부부끼리도 육아관으로 싸운다는데, 하물며 시부모님과 함께 양육을 하는 것은 생각 이상으로 힘든 부분들이 많다. 거기에 예상치 못한 상황들이 생겨나니, 함께 산다는 것이 쉽지만은 않은 일이라는 건 분명하다.

사람들은 우리가 합가한 이유에 대해서 특별한 이유가 있겠거니 생각하지만, 사실 그렇게 거창한 이유는 없었다. 합가가 가능했던 것은 잘 몰라서였고, 또한 우리에게는 각각 방향이 같은 목표가 있었다.

첫 번째로 모르고 먹는 약이 가장 쓴 것처럼 혼자 오래 살다 보니 많은 사람이 살면 어떤 게 불편한지 그 자체를 몰랐다. 모른다는 것은 편견이 없다는 것이다. 그래서 지금도 불편한지 모르고 많이 넘어간다. 그래서 가능했다. 물론 합가에 대해서 무조건 반대하는 사람들도 잘 몰라서 반대하는 것과 같으리라 생각한다. 살아보면 흔히들 접하는 '카더라 통신' 이야기는 상식 밖의 일이기 때문에 사람들 사이로 회자가 되는 것이고, 그런 일이 흔치는 않다.

같이 살면 당연히 볼 필요 없는 모습도 보여줄 수 있다. 그래서 혹 합가를 원하는 사람들이 질문을 하면 이렇게 대답해준다. 그렇게 큰 걱정도 필요 없으나, 아무 준비 없이 맞닥뜨리면 그때 가서 발을 뺄 수도 없으니 '모든 식구들이 날 배려해줄 것이다'라고 생각하기보다는 '내가 배려해줘야 할 식구들이 많아진다'는 것을 알고 합가하라고 말이다. 이런 생각을 가지고 합가한다면 남들이 안쓰러워하는 그런 삶을 살 일은 없다.

두 번째로 우리에게는 목표가 있었다. 그 당시 남편의 목표는 '경제적 자유를 누리기 위해 40세까지 백만장자 되기'였다. '백만장자'라는 단어를 막연히 동경하던 한 소년의 소망이 백만장자라는 목표가 되었다. 여기서 백만장자의 '백만'의 단위는 달러며, 이 글을 쓰는 현재 환율로 한화 약 11억 9,200만 원 정도이다. 사람들은 보통 파이어족이라 하면 최저 생계비의 25배를 하여 목표 금액을 설정한다. 그래서 목표 금액 10억 원이 많이 회자되는데, 우리 부부는 파이어족이어서 목표가 백만 달러가 된 것이 아니었다. 신혼집을 산 이후 2년이 채되지 않은 기간 동안 많은 일이 생겼고 10억이라는 목표를 달성했다. 백만장자라는 막연한 목표를 생각했던 것보다도 상당히 빠른 시기에 달성하게 된 것이다.

우리는 다음 목표를 설정했다. 이때 재밌는 일화가 있다. 남편이 한창 부동산 스터디에서 공부에 매진하여 인정을 받기 시작할 무렵

전업 부동산 투자자의 가족으로 산다는 것

이었다. 수업 후 뒤풀이가 있었고 목표에 대해서 서로 이야기하는 시간이 있었다. 남편은 당당하게 "목표는 10억"이라고 이야기했다. 그러자 거기에 있던 다른 한 분이 '참 소박하시네요'라고 말하는 듯한 눈빛으로 남편을 보더니 바로 이어서 "내 목표는 100억"이라고 말했다. 그 말을 들은 날, 남편은 집에 와 밤에 잠을 설쳤다. 100억이라니 정말 말도 안 되는 목표라며 꿈만 큰 사람이라고 우리 부부는 시샘 반 흉 반으로 이야기를 나눴다. 그러나 그 '100억'이라는 액수가 우리에게 강하게 각인된 것은 부인할 수 없는 사실이다.

그분은 우리 부부에게 그다음 목표로 100억을 설정하는 계기가 되어준 참 고마운 분이다. 왜냐면 우물 안 개구리에게 "봐봐, 여기 우물 밖에 넓은 세상이 있어"라고 말씀해주신 분이기 때문이다. 물론 100억이라는 금액 이후에도 우리에게는 다른 목표가 생길 것이고, 그 100억이라는 목표 또한 남들이 목표로 삼는다거나 보기 좋아서 설정한 액수는 아니다.

'한국형 파이어족'이라는 것은 미국의 2008년 글로벌 금융위기로 많이 퍼져나간 개념이 우리나라에 들어온 것인데, 20~30대에 목표 금액을 모으고 우리나라 실정에 맞게 투자 포트폴리오를 짠다. 우리 부부는 1차 목표였던 '연간 5% 수익을 낼 수 있다면 대기업 연봉에 가까운 수준의 현금 흐름을 만드는 것'을 성공했기 때문에 이제는 엄밀히 말하면 파이어족은 아니다. 그렇기에 100억이라는 목표 금액은 은퇴를 위한 자금이 더더욱 아니다.

우리 부부에게 100억이라는 목표 금액은 2년 안에 수익률 100%로 부가 축적된다는 과거 데이터에 따른 목표 수익률에 따라 계산된 금액이다. 과거 데이터에 전세가율 80%인 지역에서는 매매 가격이 20% 오른다면 세전 수익률은 100%가 된다. 이 수익률이라면 12.5억에서 2년을 투자하면 25억이, 25억에서 또 2년을 투자하면 50억이, 50억에 다시 2년을 투자하면 100억이 된다. 그렇게 하면 10억을 이룬 시점에서 우리가 100억을 달성하는 데에는 아주 극대화된 수익이 일어났을 때를 기준으로 한다면 최소한의 기한은 6년 정도라는 것이 우리의 결론이다.

이 6년의 세월도 사업의 영역으로 함께 접목시킨다면 더 짧은 기간에 목표를 달성할지도 모른다는 막연한 생각을 가지고 있다. 이는 비교적 길지 않은 투자 기간이지만, 아직까지 30대 초반인 우리 부부에게는 6년이라는 시간조차도 먼 미래에 있는 목표라고 느껴진다. 우리는 그 목표를 좀 더 명확히 하고 문서화해서 다가가기 위해 노력한다. 거의 끊임없는 세뇌 수준이다. 그렇기에 우리에게 100억이라는 목표는 10년 내에 이룰 수 있는 실현 가능한 목표이자, 남편의 '100억'이라는 목표는 우리의 목표가 된다.

남편의 목표가 가족의 목표가 된 이유는 방향성이 같기 때문이다. 시부모님의 목표는 액수가 아니다. 시부모님은 아들이 당신들이 줄 수 없는 경제적 자유를 스스로 쟁취할 수 있다고 하는데, 그 목표를 달성하는데 옆에서 서포트하여 그동안 아들에게 못 해준 미안함이라는 짐을 덜길 바라신다.

　나의 목표는 항상 어릴 때부터 '행복하게 해 주세요'였다. 가정불화로 인한 불우했던 어린 시절에는 절에 가든 교회에 가든 항상 똑같은 소원을 빌었는데, 아마 부처님이든 예수님이든 저렇게 기준도 없는 행복을 달라고 해서 이루어주지 않았나보다 생각하곤 했다. 나는 행복해지고 싶어 열심히 살았다. 그렇다고 학창 시절 하루 종일 공부를 했다는 것은 아니지만, 주변인들이 나를 평가할 때 난 소위 성실한 사람이었다. 시험 기간 때 전기세가 아깝다며 새벽녘에 불을 못 켜게 하던 할머니 밑에서 자랐을 때, 할머니 눈을 피해 주황색 전구가 있던 화장실에서 시험 공부를 할 정도는 되었다. 그러나 그 결과는 300만 원대의 월급을 받는 대리라는 직함이다. 물론 그것 또한 분명 '행복'하다고 생각했다. 남편을 만나기 전까지는.

　남편처럼 자신의 목표를 정형화하여 골똘히 생각하는 사람을 옆에서 보니 알게 된 것이 있다. 행복이라는 과일을 얻기 위해서는 나무 밑이라고 아무 곳에서나 입만 벌리고 있으면 안 된다는 것이었다. 내가 먹고 싶은 과일이 자라는 나무 밑에서 입을 벌려야 한다. 나같이 열심히 입만 벌리고 기다리면 입만 찢어질 뿐이다.

　큰 숲 같았던 '행복하게 해 주세요'라는 나의 목표는 남편을 만나서

숲이 알차게 채워지게 된다. 그동안 내가 바라던 막연한 행복을 되돌아보게 된다. 나의 행복은 아프지 않고, 가족 구성원들이 하고 싶은 것들을 제한 없이 하며, 풍요로운 하루 일과를 보낸 후 저녁 식탁에 모두 모이는 것이다. 나는 경제적 자유를 꿈꿔본 적이 없었지만, 나의 행복은 경제적 자유가 없으면 이룰 수 없다. 나 혼자 살 때는 회사 월급으로 궁하지 않게 살았고 적금에는 목메지 않았다. 그래서 경제적 자유를 얻은 척 살아갈 수 있었고 행복한 줄 알았다. 하지만 이제는 혼자가 아니게 되었다. 나의 가족이 생겼으니 이제는 혼지 살 때와 같지 않다는 것을 알게 된 것이다.

이런 생각들이 모두 모여 남편의 목표가 우리의 목표가 되었다. 물론 처음에는 남편의 목표가 터무니없다는 생각도 했다. 왜냐면 내 주위에서는 그런 목표를 가진 사람이라든지, 그런 걸 이루어 낸 사람이 없기 때문이다. 하지만 톱스타도 태어날 때부터 스타라고 얼굴에 적혀 있지 않다. 결혼 3년 차, 지금의 내 생각은 180도 달라졌다. "나라고 스타가 될 수 없으쏘냐?"라고 말이다.

남편은 부동산에 투자하고, 나는 남편에게 투자한다. 그리고 시부모님은 노후의 편안함을 위해 남편에게 투자한다. 우리는 가족이기도 하지만 비즈니스 파트너다. 가족도 비즈니스 파트너가 될 수 있다. 시부모님이라 생각하지 않고, 목적이 같아 동행하는 비즈니스 파트너라고 생각하고 목표로 향하는 원동력인 '내면 속의 욕심'을 긁어모아 솔직해진다면 알게 된다. 목표를 이루겠다는 욕심 앞에서는 만인이 공평하다는 것을. 그리고 이것을 인정할 수 있다면, 그다음의 선택은 좀 더 폭넓어지게 되는 새로운 경험을 하게 될 것이다.

재테크를 안 하는
친정의 자화상

"네 남자 친구 사기꾼이야! 사기 당하려면 너만 당해!"

엄마는 연애 시절 처음부터 남편을 좋아하지 않았다. 오히려 싫어했을 정도다. 친정 부모님은 푸른 제주도에서 갈치를 잡는 어부로 성실하게 사는 것을 으뜸으로 여겼다. 오죽하면 동생 이름도 성실이고, 배 이름도 성실호일까!

그런 집의 맏이로 자랐고 기술직으로 적지 않은 월급이 통장에 또박또박 입금되었으니, 나는 사치 부리지 않는다면 내 몸 하나 건사하고 사는 데는 아무 문제도 없었다.

그러던 중 알게 된 남편은 돈에 관련된 부분에서 혀를 내두를 정도로 비상했다. 회사에 갓 입사하여 1년 동안 죽는 시늉까지 해서 모은 천만 원으로 25세에 공단 근처 1억 6천만 원짜리 촌집을 매매하였으니 말이다. 물론 그 촌집을 갭 투자하여 천만 원으로 살 수 있었던 건 아니다. 촌집을 담보로 8천만 원의 대출이 나왔고, 부족한 돈은 부모님 집을 담보 삼아 7천만 원을 추가로 대출받아 매매하였다. 거기에 연 이자가 4.5%였으니 한 달 이자는 55만 원이 넘었다. 당시 남편의 월급이 200만 원 초반이었으니, 결코 우습게 여길 액수는 아니었다. 지금 생각해도 기발한 건, 남편은 그 집을 외국인 노동자들에게 임대해서 나오는 월세로 이자를 충당했다는 사실이다.

그 후에는 당연히 기존에 샀던 가격보다 웃돈을 받고 매도하였고, 그게 남편의 첫 투자였다. 그때를 회상하면 두렵지 않았냐고 물었더니, 남들은 군대 가는데 자기는 면제이니 1년 반 정도 공쳐도 괜찮다는 생각으로 저질렀다고 말한다.

처음 남편과 연애하던 때 내 나이는 29세였다. 남초 회사에 엔지니어로 일했는데 남자보다 업무 자격증이 많다 보니 자신감에 똘똘 뭉쳐 콧대가 아주 높았다. 회사 동료 중 열에 아홉은 월급으로 스포츠토토를 할 것인지, 아니면 유흥업소에 가서 술을 한 잔 마실지 고민하던 이들이다. 하는 일이 워낙 고되고 현장이 너무 외졌기에 열에 아홉은 그랬지만, 열에 하나는 업무에 관해서 한 번도 말로 이겨 본 적 없는 엘리트도 있었다.

부동산이라고는 원룸 계약 외에는 해보지도 못한 내가 보기에 공장단지 근처에 촌집을 사서 외국인에게 세를 놓다니 정말 황당 그 자체였다. 자신의 경험담을 확신에 차서 말하던 그의 눈빛을 잊을 수가 없다. 눈이 부셨고 '저런 사람도 있구나'라는 생각은 곧 존경심으로 바뀌었다.

그러나 나와 다르게 엄마가 예비 사위를 바라보는 시선은 점점 '사기꾼'으로 굳어졌고, 가여운 딸은 사기꾼의 꾐에 빠져 짚을 끌어안고 불에 뛰어드는 바보로 보였다고 한다. 그도 그럴 것이 사귄 지 일주일쯤 됐을 때, 남편이 어떤 계좌에 500만 원을 입금하라고 했다. 그건 원주 기업도시 택지의 청약금이었는데, 상가주택을 지을 수 있는 토지 소유권을 추첨하는 거였다. 사귄 지는 얼마 안 되었지만 나의 신뢰를 보여주겠다는 일념으로 군말 없이 돈을 입금했다. 여기서 끝났다면 좋았겠지만, 엄마에게 쪼르르 달려가서는 "엄마 돈 있어?"로 시작해서 "청약하는 건데 여기 좋으니까 무조건 넣어야 해"라고 말한 것이 화근이었다. 말이 끝나자마자 터져 나온 엄마의 고함이 아직도 생생하다.

처음에는 '왜 저렇게까지 화를 내지?'라는 생각에 서운하기도 했지만, 지금은 엄마를 충분히 이해한다. 만약에 우리 아이들이 그랬다면 당장 남자 친구에게 전화를 걸어 일침을 가했을 테니 말이다. 참고로 원주 기업도시 택지 청약은 경쟁률도 어마어마해서 당연히 떨어졌다. 발표가 난 직후 분양권은 1억 원이 넘는 웃돈을 주고 거래되었다고 한다.

그만큼 우리 친정 부모님에게 투자라는 것은 한 번이라도 들어볼 생각도 없는, 완전히 다른 세상의 일이다. 빚은 없으나 집도 없는 친정은 "죽을 때 장례식 비용만 남겨주고 가겠다"고 입버릇처럼 말씀하시는데, 사실 진심은 아닐 거라고 믿는다.

해보지 않은 것에 대한 무서움과 그 무서움을 따르는 불편함, 오로지 그 불편함 때문에 엄마는 집을 사지 않았다. 물론 집을 살 기회가 없었던 것은 아니다. 작은 마당이 있는 독채에 살았던 적이 있는데, 그 집주인이 싼값으로 우리가 매매하길 원했다. 집을 사면 그대로 거주할 수 있고 사지 않는다면 계약 기간이 끝난 후 이사를 나가야 하는 상황이었는데, 엄마는 고민 끝에 매매하지 않았다. 이유는 우리 앞에 집이 살던 사람이 죽은 집이라 터의 기운이 안 좋다는 이야기를 동네 지인에게 들어서였다. 마침 기르던 강아지도 죽어 그 말에 신빙성을 보태었다. 우리가 이사 가고 나서 무당이 그 집을 샀는데 용하기 그지 없다. 지금 그 집의 시세는 그때보다 열 배 이상 올랐다. 엄마는 그 집 근처를 지나가면 항상 아쉬워하곤 하셨다. 그 모습을 보면 집을 사는 것에 대한 막연한 두려움과 복잡하고 불편함이 어우러져 핑계를 갖다 댄 것이라는 생각이 든다.

친정 부모님을 폄훼하는 것은 아니다. 부모님은 작은 행복에 매일 감사함을 느끼고, 자신을 올곧이 바라보는 사람을 좋아하며, 곁에 있으면 아기자기한 행복이 전염되는 분들이기 때문이다. 나 역시 그런 소소함과 따뜻함을 좋아하지만, 한편으론 친정 식구들과는 다르게 실행하기를 원하고 무엇이든 실행하지 않으면 패배주의로 힘겨워하는 성격을 가진 나 자신에게 연민을 느낀다.

남편 또한 24살에 첫 직장에 입사한 후 1년간 모은 돈이 천만 원이라는 사실에 절망하였고, 그 절망에서 '정녕 내가 원하는 것이 무엇인가?' 자신에게 솔직해지는 시간을 가졌다. 그리고는 1년이라는 시간과 바꿔 이뤄낸 천만 원을 진정 원한 것은 아니었다는 것을 인정했다. 그리고는 미래를 구상했고, 촌집을 매매했다. 하지만 친정은 이사하는 게 매매하는 것보다 덜 복잡하고, 다른 더 좋은 기회를 잡기 위해 그런 선택을 했다.

친정은 아직 '집 살 때'가 아니라 여긴다. 이 '때'라는 것은 살고 있는 행동반경 내에 있는 집으로, 제주도 집값 거품이 사라지고, 대출 규제는 완화되어 대출이 많이 나와야 하며, 매매하는 집이 마음에 쏙 들어야 하는 것을 모두 포함한다. 전제조건이 많다 보니 때를 만나는 건 쉽지 않을 것이다. 재테크에 물들어버린 나로서는 답답하기 그지없다. 때를 기다리다 무수히 지나친 기회들, 그것이 내가 냉정하게 바라본 친정의 현주소였다.

물론 좋은 기회들을 놓치고 싶어 놓친 것은 아니다. 콩 심은데 콩이 나고, 팥이 나는 밭에서 팥을 수확한다. 나 역시도 당장 손에 잡히는 것이나 보이는 것이 없으면 '미래'라는 것은 아주 먼 미래 같다.

오늘을 편히 쉴 수 있다면 내일의 고됨은 내일의 나에게 맡기고 싶었다. 그런 내가 행동파로 바뀐 건 나의 성장 배경도 영향이 있는 것 같다. 부모님이 제주도에서 일을 해야 해서 어린 나와 동생을 돌봐줄 경황이 없었고, 육지에 있는 할머니 손에 자랐다. 그때 뭐든 혼자서 결정을 해야 했고, 아무도 나의 이야기를 들어주지 않으니 부당한 것은 더 크게 부당하다 말해야 했다. 도와주는 사람이 없으니 무엇이든 나 스스로 하지 않으면 안 됐다. 그런 부분이 항상 스스로를 고립 시켰는데, 남편과 만나고 나니 그런 성향이 시너지가 되어 빛을 발했다. '손해를 보지 않을 수 있다' 생각하는 선에서는 '무조건 시작'이라는 행동파가 되었기 때문이다.

취집의 오해

육아를 하다 보면 나도 힘들 때가 있다. 그러나 사람들이 나를 바라보는 시선은 날카롭다. 꼭 내 행동이 나의 모든 것이라고 판단하기 위한 것처럼 숨죽이며 눈빛을 예리하게 번뜩인다. 그들은 나에게 돈 잘 버는 남편 만나서 육아 돌보미 선생님까지 오는데 뭐가 힘드냐고 말한다. 독박육아 하는 사람들도 있는데, 그들보다 훨씬 편한 줄 알라는 의미다. 하물며 가까운 친척까지도 둘째 출산 후 산후 우울증으로 힘들어하는 나에게 "호강에 겨워서 요강에 똥 싸는 소리한다"고 비아냥거리니 말이다.

겉으로 내색하지 않지만 이런 시선들은 내 마음 언저리에 불편함으로 자리 잡혀 있다. 둘째가 막 생후 100일이 되는 시점이고, 다시 육아가 처음부터 시작된다는 심리적 압박으로 혼자 고뇌하는 나에게 그러고 싶을까 생각도 든다. 색안경이라는 것은 참 무섭다.

결혼을 축하하기 위하여 와주신 많은 하객들조차 "시어머니가 너무 화려하게 생겼다"며 시집살이를 호되게 할 것이라는 걱정을 얼마나 많이들 해주셨는지 모른다. 그 당시에 '잘해주셨는데 설마…'라고 생각한 내가 다 부끄럽다. 오히려 시어머니는 못난 아들과 결혼하여 아이들까지 예쁘게 낳아주어 고맙다면서, 같이 합가하여 살고 있는 며느리 손에 물 한 방울 튀는 걸 용납하지 않으신다.

그뿐인가? 남편의 지인들은 남편만 보고 보통 많이 부러워하면서 한마디씩 거든다. "전업이니 집에서 아이들과 시간을 많이 보내 주고, 와이프에게 다정한 남편이겠어요. 와이프분 너무 부럽다!" 동갑내기 부부로 안 그래도 자잘한 다툼이 있는 판에, 이런 말을 듣고 와서 나에게 자랑하듯이 말하는 남편을 볼 때는 나도 모르게 이가 갈리는 소리가 난다. 그런 날은 꼭 싸우게 된다.

자격지심이라고 말하는 이들도 있다. "맞아, 남편이랑 결혼해서 너무 행복해"라고 응수할 수 있지만, 마음이 상하는 이유는 있다. 부동산에 '부'도 관심이 없는 20대 후반 직장인이었던 나는 직장에서 인정받는 것이 인생의 승패를 결정하는 인자라는 생각에 사로잡혀 있었다. 그래서 남자들도 따기 힘든 자격증 취득과 깔끔한 일처리의 직장생활에 열을 올렸고, 나의 일을 자랑스러워하는 직장인이었다. 하지만 장거리 연애를 하던 남편과 결혼 이야기가 나오자마자 직장에 가볍게 사직서를 냈고, 매정하다 욕을 들어도 뒤도 돌아보지 않고 이직을 했다.

아는 사람 하나 없는 울산으로 시집을 오자마자 임신을 연달아 하여 2년 넘게 집에서 육아휴직 중이다. 그동안 내가 쌓아놓은 모든 것이 신기루가 되어 뒤로 한 발 후퇴한 거 같은 느낌에 마음이 공허한데, 저런 말을 들으면 '너는 행복해야 해'라고 강요를 받는 기분이라 도통 분이 풀리지 않는다. 돈 많이 버는 남편을 뒀다고 사람들은 부러워하지만 나도 육아는 힘들고, 결혼 전에는 작업복을 입었다면 결혼 후에는 펑퍼짐한 면 티셔츠 3장으로 하루를 버틴다. 남편의 일상은 전업 투자자가 되어 천지개벽을 했을지언정 나의 일상은 달라진 것이 없다.

세계적인 톱스타들도 정신적으로 힘이 든다고 극단적인 선택을 하는 마당에 내가 뭐라고 항상 행복할 거라고 단정 짓는 생각은 정말 한 면만 바라보는 아주 단편적인 생각이다. 하물며 나를 알지도 못하는 사람이 남편이 투자하여 큰돈을 벌었고, 집에 아이들을 봐주는 베이비시터님이 2명 오신다는 얘기만 듣고는 나를 '사치를 일삼고 직장 생활은 안 해본 여우같은 여자'로 보는 사람도 있었다. 이렇게 오해하며 바라보는 시선은 유독 왜 그리 날카로운지 잘못하면 크게 상처가 된다. 악플에 목숨을 끊는 연예인을 이해할 정도다.

아예 접점 없이 지나치는 사람에게 우연히 남편 이야기를 한 적이 있었다. 택시를 타고 집에 가는 길이었다. 당시 살고 있던 아파트가 신도시의 새 아파트였고, 처음 입주 시점에 ○○○세대로 공급이 많다 보니 전세 가격이 매매 가격의 50%도 안 되었던 적이 있었다. 마이너스 프리미엄으로 분양권을 샀었는데, 결국 입주한 지 2년 차 우리가 매도할 시점에서는 분양가의 거의 2배에 육박하는 아파트가 되었다. 부동산에 조금이라도 관심 있는 사람들은 종종 "이 아파트 많이 올랐지요?" 묻곤 하였다. 역시나 택시 기사님과의 부동산 이야기 발단은 '이 아파트가 많이 올랐지요?' 부터였다. 그 택시 기사님도 아파트에 관심은 있으나 매매를 하신 적은 없는 분이었다.

기사님은 상냥한 목소리로 울산광역시에 오른 아파트를 줄줄이 나열하셨는데, 거의 다 남편이 보유하거나 매도를 한 아파트였다. 남편과는 부동산 관련 이야기를 많이 하지만 남편 외에는 이야기를 할 곳이 거의 없으니 택시 기사님과 나누는 대화가 참 재미있었다. 동시에 남편이 대단하다는 생각이 들면서 얼마나 자랑스럽던지, 나는 흥분에 겨워 가벼운 입을 계속 놀려 댔다. 물론 거짓말은 하나 없는 솔직한 투자 내역이었다.

이야기를 하면 할수록 그 상냥하던 택시 기사님은 말수가 적어지고 나를 허언증 환자를 보듯이 룸 미러로 바라보고 있었다. 눈 한번 깜빡이지 않고 말 그대로 '저 여자는 무엇인가'하고 날 쳐다보던 의문이 가득 찬 그 눈빛을 잊을 수가 없다. 그렇게 나는 내 이야기를 하면 허언증으로 보던지, 아니면 무조건적인 행복을 강요하는 사람들로 인해 이제는 조리원 동기들에게 조차도 남편의 직업을 알리지 않는 현명함을 가지게 되었다.

내 지인들 또한 남편이 경제적으로 풍족하게 해주니 나보고 "웬만한 건 남편의 말을 다 들어줘야 하고, 소위 시집가서 귀머거리 3년, 벙어리 3년, 눈뜬 장님 3년 해야 한다"라고 어처구니없는 말을 할 때가 있다. 남편이 돈을 잘 버니 내가 버는 돈은 돈이라 여기지 않을 것이라 생각하는지, 그래서 나에게 직장은 취미생활일 것이라 생각하는 사람도 있었다.

모르고 하는 말이다. 전혀 그렇지 않다. 나는 취미로 명리학을 공부하여 부업으로 사주팔자를 보고 복채를 받는다. 1인당 3만 원, 궁합을 볼 시 5만 원을 받는다. 이렇게 돈을 벌어오면 남편이 얼마나 기뻐하는지 모른다. 또한 달마도를 그려서 팔기도 하는데, 서예를 배운 적 있는 남편이 그림을 그리고 나는 예쁘게 제작하고 포장해서 주문이 들어오면 소정의 금액을 받는다. 아무리 피곤해도 주문이 들어오면 아이들을 재우는 밤에 도란도란 나란히 앉아 작업을 한다. 남편은 붓과 혼연일체 하여 정성 들여 그린다.

또한 남편은 내가 회사에 얼른 복직하여 가게에 원활한 현금 흐름이 돌기를 바란다. 아이들을 어린이집에 맡기고 무슨 부귀영화를 누리고자 복직을 해야 하는가에 고민에 빠질 때는 내 등을 떠미는 남편

전업 부동산 투자자의 가족으로 산다는 것

이 참 밉다.

남편이 이렇게 현금 흐름에 집착하는 것은 투자할 때 사용되는 돈은 말 그대로 투자금일 뿐이지, 우리가 사용하는 생활비와 같은 것이 아니기 때문이다. 직장인들이 회사 돈을 횡령하지 않는 것과 같다. 우리도 주어진 생활비 안에서 생활해야 하며, 그 생활에는 부부의 우선순위가 있기에 비중을 맞춰 생활한다. '사치'라는 것은 가장 마지막 순위로, 나는 결혼 전 아가씨 때 사 입은 옷 외에는 옷이 없다. 게다가 임신을 2년 연속 연달아 하다 보니 평상시 잘 늘어나고 편한 옷을 항상 입고 있다.

한날은 이런 일이 있었다. 베이비시터님이 "어머니, 아버님처럼 댄디하게 옷을 입어보세요"라고 말씀하신 적이 있다. 나는 "전 제 스타일이 있어요"라고 대답을 했더니 그 자리에 있던 사람들은 모두 다 웃었고, 나도 웃어 버렸다. 그러고는 속으로 '나는 무엇이 되어가는가'라는 생각이 들어 씁쓸한 마음에 그날 잠자리를 뒤척이기도 했다.

아이들을 중학생까지 다 키우고 자신의 기호에 맞는 옷을 깔끔하게 입는 베이비시터님이 부러울 때도 더러 있다. 몸을 보호하는 기능으로 옷을 입은 지 3년이 되어가고 있으며, 생일 선물과 2주년 결혼 기념일 선물을 합쳐 받은 명품 가방 하나가 전부다. 남편 또한 명품 가방이 하나 있는데, 매장에서 가장 싼 가방을 연애 시절 내가 선물한 것이다. 남편은 그 가방을 항상 매고 다녔는데, 손잡이가 너덜너덜해져서 AS를 두어 번 받았다. 한번 받을 때마다 나가는 비용이 20만 원이 넘다 보니 이제는 수리도 하지 않고 그냥 가지고 다닌다. 우리 첫째 딸도 먼 친척에게 물려받은 옷을 소중히 입는, 어디든 흔히 있는 사람들이다.

우리를 바라보는 편견은 그저 편견일 뿐이다. 남편은 전업 투자가 직업인 남자이고, 나는 육아를 하면서 나 자신을 잃을까 봐 전전긍긍하는 여자다. 우리는 그게 전부다.

2장

아내의
머릿속은
복잡하다

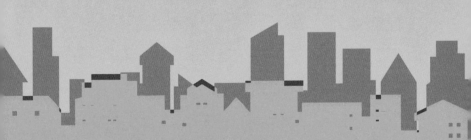

수익의 딜레마

간과한 것이 있었다. 투자를 한다는 것은 투자금이 든다는 것이고, 그 투자금은 회수할 때까지는 '없는 돈'이라는 것이다.

더 재밌는 사실은 투자를 하고 수익률이 100%가 넘어서 잔금까지 받았지만 돈이 없다는 것이다. 왜냐면 더 비싼 아파트를 사기 때문이다. 오히려 집에 있는 돈도 쥐어짜서 들고 가니 얼마나 허탈했는지 모른다. 내 손에 위에 올려진 돈만 돈이라는 것을 알게 된 후 수익의 딜레마가 생겼다.

결혼 전, 나에게 돈이라는 것은 수단의 개념이었다. 먹고 싶은 것을 사기 위한 수단, 다음 주 웹툰을 미리 보기 위한 수단. 이렇듯 소소한 행복을 좋아했다. 그래서 욕심이라고 불릴 만한 것조차 없었다. 쓰는 데가 뻔한 일상이었기에 남들만큼만 저금하고 남들만큼 소비하면 다 되는 줄 알았다. 그래서 결혼 전에는 재테크 같은 위험한 것을 안 하는 내가 승리자이고, 혹시 모를 대비로 청약통장을 든든하게 하나 만들어놨으니 집에 대해서는 다방면으로 준비했다고 생각했다. 그 당시 아파트를 산다는 것은 내 삶에 없는 일이었다. 결혼 후 신혼집으로 원룸에서 오순도순 살면서 자수성가하여 집을 늘려나가는 것이 참 낭만이라고 생각했다. 빚내서 무리하게 매달 이자를 내는 사람들은 허세 부리는 사람이라고 판단했다. 그러던 내가 혹시 모를 미래에 아파트를 살 수도 있어 청약통장까지 준비했으니 나의 준비성이란 어디 하나 빠지는 데가 없다며, 스스로 준비된 사람이라고 자화자찬도 많이 했다.

그랬던 내가 남편과 연애하면서 '돈'이라는 것에 대해 생각해볼 시간을 자주 가지게 된다. 이 부분은 세속적으로 변했다는 말이 아니다. 오히려 돈에 대해서 고찰을 많이 하게 되어 '서정적이지 않나?'라는 생각이 들 정도이다.

남편과는 장거리 연애를 했다. 나는 직장이 있는 여수에서 살고 있었는데 남편은 울산 토박이였다. 여수에서 울산까지 차로는 3시간 반, 그것도 휴게소를 들르지 않는다면 가능한 거리였다. 고속버스를 타면 울산에서 부산으로 가서, 다시 여수 가는 버스로 갈아타야 했기에 6시간 정도 걸렸다. 남편과는 매주 주말마다 만났다. 그러다 보니 이동시간이 참 많았고, 그때 남편이랑 유튜브와 팟캐스트를 많이 접하게 되었다. 웹툰은 넓은 화면이 최고라며 액정 큰 휴대폰만 사던 나는 남편을 통해 유튜브와 팟캐스트를 접하게 된다.

처음에는 재미없다 생각했지만, 돈 이야기만 하면 눈을 반짝이는 남편에게 잘 보이고 싶어서 열심히 봤다. 그러면서 깨달은 건 단 하나, 돈이라는 건 '없으면 안 되는 것'이라는 생각이었다. 아주 뻔한 이야기지만 거의 세뇌 수준으로 각인됐다.

남편이 돈에 관련된 이야기를 너무 좋아해서 울산에서 여수까지 가는 길 내내 돈에 대한 이야기를 한 적도 있는데 처음에는 내 관심사가 아닌 이야기라 지겨웠다. 나는 돈이 많든 적든 현재의 일상에 만족하는데 계속 돈 이야기만 해서 귀가 아프다고 친구에게 고민을 토로한 적도 있다. 그러나 계속 듣다 보니 사실 다 맞는 이야기였고, 가슴을 울리는 이야기도 많았다.

돈은 없으면 안 된다. 내가 일을 하든 안 하든 돈은 있어야 한다. 그래서 재테크를 하든 이렇게 책을 써서 출판하든 어떤 식으로든 자기가 할 수 있는 파이프라인을 만들어야 한다. 그렇다고 돈이 그냥 무조건 많아야 좋은 것도 당연히 아니다. 무조건에 대한 기준이 없다면 돈만 쫓다가 나 자신을 잃고 말 것이다. 그러기에 얼마나 많은 돈을 모을 건지, 언제까지는 경제적 자유를 이루겠다는 기준이 필요하다.

우리 부부는 경제적 자유를 위해 10년의 기간을 가지고 100억에 도전한다. 종종 10년 후에 대해 이야기 나누는데, 그 10년 후 이야기는 거창하지 않다. 나의 10년 후 목표 중 하나는 이브닝 파티다. 영화에서 파티를 열어 드레스를 입고 손님을 맞이하는 것을 보고는 나도 해보고 싶다는 생각이 들었다. 그러기 위해서는 무엇이 필요할까를 생각하다 보면 올 한 해 이루고 싶은 목표를 설정할 수 있다. 한마디로 로망이 목표가 되고, 목표를 이루기 위한 목표들을 설정한다.

그래서 우리는 연초마다 스케치북에 비전 보드를 그린다. 이룬 것도 있고 못 이룬 것도 있다. 못 이룬 거는 왜 못 이루었는지 생각한다. 그리고 보완하여 도전하던지 방향을 틀어 방안을 모색한다. 올해 초는 친정 식구들을 모아놓고 비전 보드를 만들어 한 해를 계획했다. 그리고 남편이 가족들의 비전 보드를 사진으로 찍고 한 번씩 이룬 게 있냐고 가족들을 압박한다. 그럼 우리 친정 엄마는 아직 이룬 것이 없다면서 웃기만 한다. 그렇게 1년이 다 가기 전에 되짚어주는 것만으로도 약간의 변화를 꾀할 수 있다. 목표 설정과 중간 체크의 중요성을 우리 부부는 서로에게 항상 이야기해준다.

우리 목적지에 향하는 배의 선장은 남편이고 가족들은 선원이다. 우리 가족들은 남편을 전폭적으로, 웬만하면 열렬히 지지한다. 시어머니조차 남편이 기죽으면 바깥일을 못한다고 생각하여, 남편이 부동산 뭐 산다고 하면 불안한 마음에 유튜브로 공부는 하시되 반대는 하지 않는다.

이것의 부작용도 만만치 않다. 그중 첫 번째는 남편을 허용해야 하는 기준이 모호할 때가 있다는 것이다. 보통 사람들은 남편이 돈을 그렇게 벌어다 주는데 내가 많이 참아야 한다 말한다. 거기다 전업 투자자라서 집에서 아이들과도 시간을 많이 보내니 이렇게 완벽한 남편이 없다는 둥 꼭 남편에게 불만을 가진다는 자체가 죄를 짓는 듯한 죄의식을 가지게 한다. 돈이라는 게 부부 사이에서 남편의 면죄부가 된 것이다. 그 말은 반대로 남편이 돈을 못 벌면 무시하고 깔아뭉개도 된다는 말 같아서 참 우습다.

특히 주위에서 그런 시선으로 바라보니 부부 싸움이 시작되기 전에 항상 빌미가 되는 말은 '다른 집은'이다. 다른 집은 남편이 오전부터 출근해서 야근에 회식까지 하고 집에 오는데 자기는 왜 집에서 육아를 도와야 하느냐 말할 때도 있고, 다른 집의 부인은 살림을 다 하면서 아이 셋 육아를 한다든지 하는 말들이다. 이런 이야기는 분명 나의 상식선에서는 용납이 되지 않는 말이기에 마음속으로 피눈물을 참은 적이 수도 없다. 내가 남편과 싸우더라도 돈 많은 남편과 싸우는 게 아니라 내 남편과 싸우는 것이고, 이는 평생을 함께하기 위한 조율인데도 말이다.

두 번째는 자격지심을 불러일으킨다는 것이다. 애가 둘이고 나는 육아휴직을 2년 연달아 사용하는 중이다. 남편의 면죄부는 나에게는 자격지심이 되었다. '돈 잘 버는 남편은 이렇게 해도 된다'는 것은 곧 '돈을 못 버는 나는 이렇게 하면 안 된다'와 같아지니 자괴감이 느껴져 첫째를 낳고는 산후 우울증이 온 적이 있다. 돈을 못 번다는 사실은 나 스스로를 쓸모없는 사람이라고 비하하게 만들었다.

한날은 남편이 아기 낳고 배꼽 언저리에 올라온 색소를 보고 안 씻어서 배꼽에 때가 생겼다며 씻으라고 놀린 적이 있다. 남편도 그냥 장난친 거였고 예전의 나였다면 웃고 넘겼겠지만, 그 당시에는 정말 돈도 못 버는 게 여자로서도 쓸모없어진 것으로 느껴져서 밤에도 울고 친정 엄마 앞에서 울면서 절규했다. 그렇게 우울증과 자기 비하는 갈수록 심해졌다. 돈이라는 게 마음의 족쇄가 된 것이다.

돈은 사지만 멀쩡해도 누구나 벌 수 있는데, 돈을 못 번다는 자체는 아무 쓸모가 없다는 것과 같다는 생각에 스스로 몰아붙였다. 그러나 이제는 그렇게 생각하지 않는다. 돈을 못 번다는 것이 나를 나락으로 떨어뜨렸지만, 돈을 쓴다는 것이 나를 나락에서 끌어올렸기 때문이다. 남편은 힘들어 하는 나를 위해 두 달간 제주살이를 시작했다. 그때 들어간 비용만 천만 원이 넘었다. 그 두 달간 제주 바다를 볼 수 있었고, 친정 식구들과 매일 모여 시시콜콜한 옛날이야기도 많이 했다. 성인이 되고 나와 동생 모두 육지에 나와서 사는 바람에 모든 식구가 모이는 건 명절에도 힘든 일이었는데, 그 두 달간 매일이 명절 같았다.

우리 가족은 그 시간을 천만 원에 구매한 것이다. 우리 부부가 지금까지 계속 일반 직장인이었다면 꿈도 꿀 수 없었을 시간과 비용이다. 우리는 그 시간과 비용에 대해 후회하지 않는다. 두 달 동안 나를 걱정해주고 챙겨주는 가족들을 보며 막말로 이혼당해도 돌아갈 곳이 있다는 생각이 들었다. 가볍게 생각하니 자존감이 높아졌다. 그리고 평생을 해야 할 숙제인 '마음을 다독이는 법'을 궁리하기 시작했다. 남편이 재테크를 함으로써 하지 않는 일은 누군가는 꼭 해야 한다. 가사 도우미님이나 베이비시터님이 그 일을 해줄 때 들어가는 비용은 매월 300만 원 언저리다. "나는 놀고 있는 게 아니다"라고 매번 마음을 다잡는다.

세 번째는 최선의 선택을 하지 않는 것이다. 그 최선의 선택을 위한 시간과 정신적인 에너지를 소비하는 게 아깝다. 그래서 무엇을 사더라도 100원을 할인받는 노력을 하여 힘을 빼기보다는 가성비가 좋은 물건을 제 돈 주고 구매한다. 처음부터 이랬던 것은 아니다. 나는 최저가 검색을 하고 거기에 할인 쿠폰만 준다고 하면 아무리 귀찮아도 회원 가입이나 마케팅 수신에 잘 동의해주던 사람이었다. 그러나 돈에 대해서 생각하면 할수록 돈은 100원 아낀다고 부자 되는 게 아니었다. 티끌 모아 태산이라는 말은 정설이다. 그러나 티끌도 어떻게 모아야 태산처럼 잘 쌓을 수 있을지 궁리해야 하는데, 티끌 하나하나만 생각하다 보면 태산처럼 쌓기 전에 쌓다가 무너지든지 포기하든지 둘 중 하나이다.

그런 생각에 사로잡혀있으니 남들이 볼 때는 나보고 대충 산다 생각하는 사람도 있다. 특히 조리원 엄마들의 모임에 가서 보고 혀를 내둘렀다. 어쩜 그렇게 핫딜 정보와 백화점 쿠폰에 대해서 잘 아는지 깜짝 놀랐다. 특히 충격적인 것은 40만 원짜리 아기 의자를 30만 원대로 살 수 있는 방법이었는데, 그 방법을 알려주는 사람과 받아 적는 사람을 보고 너무 대단해 보여 눈을 뗄 수가 없었다. 우리는 할인 방법을 총동원해 30만 원대에 사기 보다는, 깨끗한 중고를 사는 게 가성비에 맞다고 생각한다. 소위 고급 정보라 일컫는 그런 정보를 수집하고 사용하는데 큰 에너지를 쏟을 생각이 없다. 그 정보를 모으는 에너지와 시간을 오로지 본인과 가족에게 또는 새로운 무언가에 투자를 하기 때문이다. 그래서 그런 정보를 잘 알고 있는 모습을 존경스럽게 바라보고는 곧바로 한 귀로 듣고 한 귀로 흘린다. 이것까지도 잘하면 좋겠지만, 내 몸은 하나인지라 전부 다 잘하는 것을 불가능하단 것을 인정하면 포기하는 것은 쉬워진다.

이렇듯 경제적 자유라는 것을 목표로 투자를 해도 당장 내 손바닥 위에 올라오는 것은 없고, 그 실체도 없는 돈에 기가 죽어서 '돈을 벌지 못한다'는 것에 자존감이 떨어지기도 한다. 돈을 위하여 목표를 잡고 성취감도 오르지만, 그 돈으로 인하여 정신이 피폐해지기도 하는 것이다. 돈을 좇아도, 돈에 쫓겨도 그 어느 쪽을 선택해도 바람직하지 못한 결과가 나오게 되니 참 곤란한 상황이다. 이렇게 돈이란 딜레마에 빠지게 한다.

전업 부동산 투자자의 가족으로 산다는 것

꼭 이렇게 살아야 하는가

얼마 전 신용대출을 받았다. 기존 대출과 합친다면 내 이름으로 된 신용대출만 약 6,300만 원이다. 아이가 두 명에 육아휴직 중이면서 겁도 없다 칭할 수 있는 금액이다.

수확을 앞두고 있는 아파트가 있는데, 우리의 예상 매도 시점은 원래 그해 추석이 지나고 바로였다. 하지만 가격이 뒤늦게 불붙기 시작하는 바람에 몇 달 정도 매도 시점을 뒤로 미루게 되었다. 갑작스럽게 여유자금이 없는 상황이 닥쳤다. 그러던 와중 서재를 사무실 삼아 투자에 몰두하던 남편은 아이들이 하루 종일 아빠를 찾아대자 집 밖의 서재가 필요하다는 결론을 내렸다. 남편의 사무실을 얻는데 필요한 보증금과 인테리어 비용은 이번 대출로 충당하게 된다.

'대출을 받아야겠다'는 생각을 하고 딱 3분 만에 대출금이 통장에 들어왔다. 만약 예전의 나였다면 '다달이 이자에 남의 돈이 뭐가 좋아 마음 불편하게 빌리는가' 하며 조금 더 오를 거 알지만 하루 빨리 매도를 끝내는 게 속편하다 생각했을 것이다. 그러나 지금은 다르다. 이 부분도 레버리지의 개념과 일맥상통한다 생각한다.

재테크하는 사람들은 흔히들 레버리지에 빠져있다. 나에게 레버리지라는 것은 간단한 의미이다. 원하는 것을 얻기 위해서 감내해야 하는 것이다. 그러니 지금 당장 팔아도 이득은 보장되어 있지만 이자보다 큰 이득이 눈앞에 있으니 우리는 굳이 이자를 주는 대출을 감내해야 한다.

처음부터 대출을 뚝딱뚝딱 받고 사람들과 돈을 빌리고 갚던 것에 익숙했던 것은 결코 아니다. 우리는 아직까지 신용카드도 없다. 그렇다고 현금 부자라서 그런 건 더더욱 아니다. 남편 또한 친구들과 절대 돈 거래를 하지 않는다. "그래도 어떻게 단 한 번도 없냐?"며 추궁했더니 "돈 떼인 적은 있다"는 얼토당토않은 대답만 돌아왔다.

돈도 빌려본 사람이 빌린다고 우리는 빌리는 것에 영 서툰 사람들이었다. 울산의 신혼집 매수를 추진할 때는 결혼 전으로, 나는 여수에서 직장을 다니며 매수를 준비하고 있었다. 분양권 상태에서 매수하고 중도금 대출을 받아야 하는 상황이었는데, 아파트를 처음 사보는 거라 완전 무지한 상태였다. 나는 울산 신혼집 중도금을 대출받기 위해 거주하고 있던 여수의 내 주거래 은행에 중도금 대출을 받으러 갔다. 여기서 또 주거래 은행에 가야 대출이 잘 나온다는 이상한 편견에 사로잡혀 있었는데, 주거래 은행이라는 것도 그냥 대학교 때부터 사용하던 체크카드를 말 그대로 자주 사용하였기에 주거래 은행이라 생각했던 것이다.

점심시간 한 시간, 밥도 먹지 않고 달려가 은행에서 대기만 30분해가며 얻은 답변은 "취급하지 않는다"는 말이었다. 멍 때리며 은행을 나오던 내 모습이 아직도 선하다. 나중에야 알게 되었지만 중도금 대출은 시공사에서 정해준다. "○○은행 ××지점으로 가서 대출 받으세요"라고 정해주는데, 여수에서 타 지역의 아파트 중도금 대출을 상담한 은행 상담원이 얼마나 당황했을지 지금 생각하면 얼굴이 붉어진다.

지금이야 대출받는데 선수가 되었지만 그 당시에는 대출받는 게 엄청난 큰일이라고 생각했다. 그런데 그 생각을 깨뜨린 계기가 있다. 신혼집으로 산 아파트가 갑자기 치솟으면서 KB시세가 분양가를 넘어서기 시작할 때 쯤, 남편이 기존 주택담보대출 한도를 올려 대환 대출을 일으키자고 했다. 그리고 기존 대출을 대환하고 남은 금액을 종잣돈 삼아서 투자하겠다고 제안한다.

그때까지만 해도 모든 매체, 특히 부동산 강의에서 레버리지의 중요성은 귀에 못이 박힐 정도로 들었기 때문에 당연히 대출받아야 하는 것이라는 것은 알고 있었다. 하지만 이 이야기가 나올때 나는 현장직으로 근무 중이라 점심시간이라고 현장에서 빠져나와 은행까지 가는 것이 1시간 안에 가능하지도 않을뿐더러, 마감일이 얼마 남지 않은 시기여서 새벽부터 출근해야 하는 마당에 연차를 쓴다는 것도 눈치를 많이 봐야 하는 시점이었다. 그래서 대출받는 게 하기 싫은 공부를 억지로 해야 하는 것 같았다. 공부해야 하는 것은 알지만 하기 싫어하는 아이처럼 투덜대곤 했다.

그런데 갑자기 남편으로부터 전화번호가 하나 딸랑 왔다. 여기에 전화해서 대출을 받으라고 하는 거였다. 그것도 어디 은행의 유선번호도 아니고 휴대폰 번호였다. 꼭 사채라도 쓰는 기분이었다. 남편은 부동산 커뮤니티 카페에 대환 대출을 원한다는 게시글을 올렸고, 대출 영업사원으로부터 많은 러브콜을 받게 된다. 그중에서 가장 좋은 조건을 제시한 댓글 작성자의 연락처를 보내준 거다. 일하다가 갑자기 핸드폰 번호로 전화가 왔고, '이렇게 쉽게 대출이?'라는 생각이 들며 상당히 얼떨떨했다.

그래도 시키는 대로 해야지 싶어 통화를 했다. 저녁 8시는 돼야 퇴근할 수 있겠다 했더니 그 시간에 맞춰서 한 남자가 아파트 정문 앞에서 기다리고 있었다. 차에 앉아서 대출 영업사원의 지휘 아래 몇 억이라는 돈을 대출받는 데 걸린 시간은 20분 남짓으로 기억한다. 그 시간이 너무 지겨워서 시계만 보았으니 정확하다. 투자를 위해서가 아니었어도 기존 대출보다 금리가 저렴했기 때문에 받는 게 이득이었다. 나야말로 대출 내준 것을 감사히 여겨야 하는데 도리어 고마워하는 영업사원을 물끄러미 바라보니 귀찮을 정도로 길에서 영업하는 휴대폰 대리점이 생각났다. 그 이후 은행 문턱이 높다는 환상은 싹 사라지고 대신 그 자리에 대출은 간편하다는 인식이 자리하게 되었다.

보통 아파트를 사면 대출로 산다는 인식이 많다. 또한 우리도 "다 대출이죠"라고 사실 반과 겸손 반을 섞어서 말을 하는데, 그럼 큰 금액의 액수를 대출 받는데 무섭지 않냐 묻는 사람도 있다. 걱정을 너무들 해주시니 괜히 듣고 있으면 나까지 불안해져서 대출 이야기에서 화제를 금방 돌리기 일쑤이다.

그래도 답변을 하자면 액수가 크다는 것이 나에게 두 가지 느낌으로 다가온다. 첫 번째는 부루마블 게임처럼 사이버 머니다. 대출받아서 아파트 사니 딱 부루마블 하는 느낌과 같다. 대출을 받는다는 것이 나의 생활 전반에 아무런 영향을 주지 못한다. 하물며 아파트 산다고 신용대출을 받는 것은 2년 치의 이자는 제외하고 남은 돈으로 투자를 하니 아무런 타격감도 없다.

두 번째는 사라지는 돈이 아니어서 불안하지 않다. 보통 우리의 대출금 용도는 아파트를 사거나 본인의 목표를 위해서 돈을 쓴다. 그 중 아파트를 산다는 것은 현물 자산이니 주식이나 비트코인처럼 시시각각 반 토막이 될 가능성은 무척 적다. 그리고 IMF 때에도 아파트 가격이 상승한 곳이 있다. 그래서 주식이나 비트코인보다 가격 방어가 잘된다 생각한다.

재밌는 것이 대출은 원금과 이자를 같이 갚는 원리금 상환방식과 이자만 내다가 상환일에 원금을 한 번에 갚는 만기 일시 상환 방식이 있다. 우리는 원리금 상환방식은 이용하지 않고, 이자만 내는 기간을 최대한 길게 하고 만기에 대출금을 다 갚는 방식을 선호한다. 원리금 상환방식으로 대출이 나온다고 하면 대출을 받지 않을 정도이다. 보통들 원리금 상환방식이 좋다고 생각한다. 나도 처음엔 그랬다. 원금을 그래도 조금씩 갚으면 대출 원금은 줄어드니 이자가 100원이라도 적어진다. 그럼 매달 적금 넣는다 생각하고 그렇게 하는 게 좋다. 그러나 그렇게 되면 한 달에 들어가는 비용이 너무 많아진다. 억 단위 돈을 대출받는 건 조금 무서운데, 원리금 균등 상환은 상당히 무섭다.

1억을 빌려서 연이율 3%면 한 달에 이자를 30만 원가량 내야 하는데, 2~3억 빌리면 이자만 60만 원을 훌쩍 넘는다. 거기에 원금을 같이 갚아 버리면 액수가 무척 커져서 직장만 다니던 사람으로서 금액 자체에 기가 눌려버리고 만다. 그리고 원금 열심히 갚아도 이자가 줄어드는 건 정말 미미한 수준이니 이자만 내는 것이 정신건강에 좋다.

우리 부부는 아직 실패를 맛보진 않았다. 하지만 분명 언젠가 실패를 할 것이다. 어떤 사람이 한 말이 떠오른다. 지금은 부자지만 자기는 실패자라고. 왜냐면 9번을 연달아 실패하다가 1번 성공한 것이니 누가 봐도 실패자의 삶을 살았다는 말이었다.

처음에는 개인 명의로 시작한 아파트 투자가 지금은 법인을 운영하기도 하고, 이제는 지식산업센터 등에도 눈을 돌려 아파트에만 투자를 국한하지 않는다. 여기서 국한하지 않는다는 범위는 현물 자산뿐만 아니라 스스로에게도 해당하는 말이다. 우리는 스스로에게도 투자하여 강의를 나가고, 목표를 위해서 책을 쓴다.

사실 오로지 내 이름으로만 된 신용대출이 6,300만 원이라는 것을 가만히 바라보면 이렇게 살아야 하는가에 대해서 의문이 든다. 그러나 아무에게도 물어보지 못한다. 남편은 나보다 대출이 더 많고, 다른 사람들의 시선에서는 이 대출 금액을 볼 때 무조건 나를 겁을 상실한 사람으로 볼 것이다. 저렇게 대출 한도가 나온다는 것 자체도 믿지 못한다.

그럼에도 스스로에게 대답을 해야겠다. 남들처럼 하면 남들처럼 산다. 남이랑 비교하지 말고, 난관이 오면 난관을 이겨내고 성공이 오면 그다음을 노리자. 오늘의 나는 어제의 나를 이겨냈고, 오늘의 나는 내일의 나를 기대한다.

매매 피난민

대학 다닐 때부터 원룸을 전전했다. 직장을 얻게 된 후에도 역시나 회사에서 제공해 주는 원룸에서 생활했다. 그래서 나에게는 대학을 졸업한다는 것은 곧 이사였고, 이직을 한다는 것도 이사였다. 그렇기에 주거에 대해서는 '잠만 자는 곳'이라는 인식이 강하게 박혀 있었다.

원룸은 웬만해서는 풀옵션이라 기본적으로 생활에 필요한 가전과 가구를 제공한다. 그래서 짐이라고 할 만한 것도 옷가지 몇 개가 전부였기에 집에 더 애정이 없었다.

신축 빌라 같은 경우는 외관도 멋있게 잘해놓고 그 안의 옵션도 다 새것이라, 당연히 아파트에 대한 로망은 전혀 없었다. 오히려 가구와 가전제품을 돈 들여 사야하고, 특히 높은 층일 경우 엘리베이터를 기다리는 수고까지 감내해야 하는 아파트에 왜 살아야 하는가 의문을 품기도 하였다. 그리고 어렴풋이 들었던 억 단위의 매매는 나와는 아예 다른 사람들의 이야기라 여겼으니 당연히 생각해보지도 않았다. 그나마 전세는 보증금을 돌려주니 손해는 없다고 생각했는데, 보증금 자체가 빌라의 월세 보증금보다는 크고 전세자금 대출이 있지만 보통 대출을 70% 해준다는 전제하에도 나머지 30%를 한 번에 내놓기에는 부담이 되는 목돈이었다. 그래서 굳이 대출까지 받아 가며 아파트를 고집할 이유는 전혀 없다고 생각했다. 그러다가 같은 회사 동료 중 하나가 전세대출을 받아서 아파트에 들어가기라도 하면 '회사에 얼마나 충성하려고 일을 벌이냐'며 비아냥거리기도 했다. 그때는 나에게 이직이 곧 이사였으니, 전세나 매매로 아파트를 사고 가구와 가전을 채워 넣는다는 것은 여기를 터전으로 삼겠다는 의미였다.

결혼 전에도 주야장천 원룸을 전전하며 월세를 살았으나, 우습게도 우리 부부는 지금도 월세살이를 지향한다. 물론 결혼 전의 원룸 월세살이와는 다른 이유가 있다. 가장 큰 이유는 종잣돈을 깔고 앉아 있는 것에 대해 비효율적이라고 생각하기 때문이다. 그럼 누군가는 이렇게 묻는다. 월세는 없어지는 돈인데 아깝지 않냐고. 그럼 이렇게 응수하겠다. 월세나 이자나 그게 그거다. 1억의 대출이 연이율 3%일 경우 월에 30만 원가량의 이자가 나온다. 2억일 경우 이자는 배가 된다. 그렇다고 전세나 매매 가격을 다 대출해주는 것도 아닌데, 목돈도 들어가면서 대출을 받아야 하니 참 불합리하다.

그래도 결혼하면 최소한 반전세는 살지 않을까 은연중에 생각했는데, 월세 사는 부자들의 이야기를 남편에게 처음 듣고는 생각을 고쳐먹었다. 남편은 다음과 같이 말했다.

"예를 들어 4억짜리 준신축 아파트에 전세로 들어간다면 보통 4억의 70%인 2억 8천만 원을 금리 3%로 대출받고, 나머지 30%인 1억 2천만 원이 필요해. 좋아. 대출도 받고 있는 돈 없는 돈 모아서 4억 전세를 살게 된다면 한 달에 이자만 70만 원을 내야 해. 지켜진다고 생각한 나의 자본금은 사실 이자로 까먹고 있는 것이지. 그런데 만약 보증금 2천만 원에 매월 70만 원의 월세를 줘서 1억을 자금으로 활용할 수 있다면, 단순하게 연간 840만 원 이상의 투자 수익만 낼 수 있으면 당연히 월세가 맞지 않아?"

그렇다. 사실 전세대출에서 제시한 3%의 금리는 상당히 낮은 금리다. 우리가 알고 있는 재테크 투자 상품은 대부분 3% 이상의 초과 수익률을 제시하는 경우가 많다.

"그렇다면 당연히 월세에 거주하며 묶이는 돈을 최소화하는 것이 자본주의 시장에서 바람직한 선택 아니야?" 하며 남편은 되묻는다.

이렇게 남편이 이론적으로 확신에 찬 목소리로 강렬한 눈빛을 쏘면서 이야기할 때면 망치로 머리를 두들겨 맞은 느낌이 들어 한 번씩 머리를 쓰다듬는다. 지금 생각해봐도 남편의 이야기에는 틀린 부분이 전혀 없다.

시부모님과의 공동 투자와 임신으로 인하여 신혼집으로 합가를 했다. 신혼집은 33평으로 아이 짐이 계속 많아져서 가족들이 부대껴 살아야 했다. 그 바람에 가족의 정은 나날이 깊어졌지만 비과세 받을 수 있는 2년 되는 날짜를 잔금일로 잡고 우리는 가차 없이 이사를 나간다.

　넓은 집을 얻기 위해 열심히 발품을 팔았는데, 이사를 알아보던 2020년 10월은 안 그래도 월세가 없는 시점이었다. 임대차 3법이 통과되면서 일반적인 전월세 계약 기간이 늘어났기 때문이다. 그것도 2년에서 4년으로 늘어났는데, 명목은 임차인을 위한 법이었지만 실행이 되고 나서는 임대료가 폭등하였다. 그리고 순식간에 전월세 매물은 시장에서 사라졌다. 안 그래도 없는 넓은 평수의 월세는 더더욱 찾을 수 없었다. 살고 있는 집은 나가줘야 할 시기가 도래해 오는데, 끝까지 월세를 찾지 못해 어쩔 수 없이 매매로 53평 아파트에 이사를 하게 되었다.

　실거주가 가능하면서 저평가 되어 비과세가 되는 2년 후에 시세차익을 얻을 수 있는 아파트로 이사를 와야 했는데, 아직 저평가 되어 있는 아파트다 보니 조리원 엄마들의 텃세가 심상치 않았다. 학군지에 시세도 많이 올라버린 아파트 근처에 살다보니, 아이가 태어나기 전부터 집값으로 비교당하는 느낌 때문에 텃세 아닌 텃세라고 느껴지기도 했다.

2011년식 53평 아파트에 실거주를 생각하고 매매했는데, 이 경우 장점보다 단점이 많다. 일반적으로 가족이 4인 이하일 가능성이 크기 때문에 33평형을 선호한다. 그렇기에 마니아층의 수요는 있을지언정, 굳이 관리비 많이 나오는 53평은 33평에 비해 선호도가 낮다. 그래서 2년 후 시세 차익을 위해 똑똑한 인테리어에 힘을 주는 등 매도할 때 이점을 주려 노력했다.

제일 큰 단점은 어차피 여기서도 이사를 갈 것이라는 게 확정이라는 점이다. 아이들이 유치원에 가는 5세 기준으로 정착 계획을 세웠으니, 우리에게 이사는 못해도 2~3번은 더 남았다. 그렇기에 이 동네에 정을 준다는 것은 바보 같은 짓이다. 처음 여수에서 시집을 와서 살게 된 신혼집은 나에게 상징적인 첫 집이며, 신도시에 있는 새 아파트이기도 했다. 거기에 집안을 혼수로 채웠으니 처음에는 집을 닦고 쓸고 최선을 다했다. 시세도 쭉쭉 오르니 예쁘지 않으려 해도 안 예쁠 수가 없는 아파트였기에 나에게 시사하는 바가 컸다. 거기에 더해 아파트 주변으로 상가가 들어오고 입주 시점에서 매도까지 2년간 주변 풍경은 하루가 멀다 하고 달라졌다. 동네가 하나하나 채워져 가는 모습에 마음이 동해서 혼자 아이를 안고 동네 한 바퀴 산책도 자주 했었는데, 2년 후 어쩔 수 없이 이사를 떠나야 했다. 처음 매수할 때보다 매도 가격이 너무 올라서 남편이 "여기 너무 비싸서 우리는 이제 다시는 못 살겠다"는 말을 했었다.

이후 나는 아이들을 위해 완전한 정착을 하기 전에는 동네에 정을 붙이지 않기로 마음을 정한다. 그래서 결혼 전이나 후나 집이라는 단어에 그렇게 애착을 붙이지는 못하고 있는 것이 사실이다.

그래도 딱 하나 좋은 점은 있다. 큰딸에게 글라스 펜을 선물했다. 창문에 그림을 그리는 크레파스인데 물티슈로 손쉽게 닦인다. 그랬더니 창문이라는 창문에는 모조리 알록달록 그림을 그려놓았다. 그것도 부족했는지 벽에도 그림을 그려 놓았는데, 다른 사람 눈에는 보기 안 좋아 보여도 색감이 얼마나 좋은지 나에게는 예술 작품이다. 보고만 있어도 기분이 맑아진다. 이렇게 어여쁜 재롱을 전세나 월세였으면 벽지 상할까 봐 또는 창틀에 글라스 펜이 안 지워질까 봐 전전긍긍했을 텐데, 그런 걱정이 없다는 것에 일단은 '내 집은 좋은 거구나' 생각이 들면서 수익과 관계없이 '내 집'이 중요하다는 걸 새삼 느끼기도 했다. 늦은 밤 아이를 재운 뒤 무거운 몸으로 아이 방에 주저앉아 신속히 청소를 하다가 맹렬하게 무언가를 그려놓은 듯한 창문을 보면 저절로 웃음 짓게 된다.

이사를 자주 한다는 것이 우리에게는 기회가 되는 거지만 아이들에게 정서적으로 좋지 않다는 것도 안다. 또한 합가하여 가족이 많다는 것이 아이들은 많은 사랑을 받는다는 점에서는 좋지만, 다른 이면에는 엄마가 안 된다고 하는 것이 다른 가족들에 의해 허용될 때도 있다. 모든 식구들이 노력하지만 일관성 있는 육아가 힘이 들 때도 적지 않다.

우리는 언젠가는 분가를 해야 할 테고, 둥지는 끝내 학군지에 자리를 잡을 것이다. 그 시점을 우리는 첫째가 유치원에 가는 다섯 살로 잡고 있다. 그때까지는 시세 차익 폭탄이 터지면 피난 가듯이 짐을 싸 매고 떠나야 하니, 매매 피난민이 따로 없다.

무드 없는 데이트

연애 시절 장거리 연애를 하면서 남편과는 매주 주말마다 만났다. 평일 5일 동안 주말 2일을 계획할 수 있었기 때문에, 특별한 데이트를 하려고 노력했다. 여름에는 호러 테마파크에서 등골이 오싹한 데이트를 한다든지, 추운 크리스마스에는 트리를 만들고 서로에게 줄 선물을 숨겨놓고 찾는다든지 남들이 보면 손발이 오그라드는 그런 데이트 말이다. 지금 생각해보면 그 특별한 데이트는 소비를 어떻게 잘할 것인가가 성공적인 데이트를 판가름했었다.

그랬던 우리에게 남편의 투자자로서의 변모는 우리 생활 전반에서 뚜렷한 변화 양상을 드러냈다. 그중 연애 시절과 가장 뚜렷이 구별되는 것은 데이트다. 이제는 결혼하고 아이까지 있기에 어디를 이동한다는 것은 상당한 부담이 된다. 그래서 집에서 아이와 나름 편하게 보내는 시간을 포기하고 임장을 갈 때는 임장을 갔을 때 뭔가 실질적이고 확실한 이점이 있을 것 같을 때만 움직이게 된다. 한 번 가본 동네는 다시 의미 없는 임장을 가지 않는다. 임장은 우리 부부에게는 데이트이자 아이들에게는 대한민국 살아있는 부동산의 현주소를 간접 체험시켜주는, 그야말로 체험 삶의 현장이다.

우리 가족은 많은 임장에 동행하였다. 가장 처음 한 데이트가 기억에 남듯이 나에게도 기억나는 첫 임장이 있다. 지금은 남편이 임장을 갈 때 매매를 위한 선조사는 미리 하고 최종적으로 확인 치 임장에 나선다. 그래서 비장하게 집을 나설 때는 나조차도 그날은 마음가짐이 달라진다. 그리고 보통 그 아파트를 선진입하여 매수를 하기 때문에 북적이는 분위기도 아닌지라 부동산에 전화를 돌려보고 소장님과 사전에 약속을 잡고 방문한다. 처음에는 실거주인척 연기를 하며 임장을 해야 하는 줄 알았다. 왜냐하면 투자로 아파트를 알아보는 것에 대해 부정적인 시선이 아직도 존재하기 때문이다. 지금은 그렇게 하지 않는다. 소장님들 중에는 투자자라고 하면 기피하는 분도 있지만, 그와 반대로 투자자라고 미리 말하면 반기는 소장님도 당연히 있기 때문이다. 그럼 투자에 맞는 브리핑과 전세를 잘 맞춰준다는 협조가 따라오기에 이제 우리는 투자자라고 밝힌다.

이제는 우리도 나름 꾀가 생겨서 시세를 알아보고 싶으면 투폰으로 부동산에 전화해서 실거주를 위하여 매물을 알아본다며 동향을 살피려고 한다. 그래서 부동산에 발품을 팔면서 굳이 연기를 하지 않는다. 매수 후에는 전세도 맞춰야 하는 숙제가 있는데, 소장님과 잘 지내야 하기에 신뢰를 깨트릴 행동을 하지 않는 편이다. 결국 사람이 하는 일이고 소장님과의 신뢰에 따라 생각지도 못했던 걸 얻기도, 잃기도 한다.

보통 임장을 가면 화기애애한 분위기에서 소장님의 브리핑을 듣는다. 그리고는 접수되어 있는 매물을 확인 후 가격을 협의하는데, 아기를 안고 가서 이렇게 젊은 부부가 열심히 살고자 재테크 하는데 도와달라고 간곡히 부탁드린다. 소장님은 대게 여성분들이 많으신데, 아이 한둘은 길러보신 경험을 가진 분들인지라 우리 부부에게 연민을 느껴 좀 더 도와주시는 편이라고 느껴진다. 그렇게 협의가 끝나고 가계약금을 보낼 계좌번호를 매도자에게 받는다면 우리의 큰 임무 중 하나는 끝이 난다.

지금은 대략 물 흐르듯이 임장을 가지만 처음부터 그런 것은 아니다. 가장 처음으로 임장을 간 곳은 광명이었다. 지금의 남편이자 그 당시의 남자 친구는 광명에 재개발이 열풍이라며, 아직 가격적으로 괜찮은 것 같으니 임장을 가보자며 나를 꼬였다. 임장이 아닌 놀러 가는 기분으로 KTX에서 내려 부동산을 향했다. 우리 둘 다 어려 보이는 외모를 가지고 있었기에, 실거주하는 신혼부부를 연기하였다. 정말 살 거 같이 해야 상대를 해줄 거라고 생각했다.

그나마 약간의 지식을 가지고 있는 남편과 아무것도 모르는 나는 두 손을 꼭 잡고 패기 있게 부동산 문을 넘었다. 상냥해 보이는 부동산 소장님은 예상과 다르게 "돈이 얼마 있나요?"로 응대를 시작했는데, 남편은 소위 쥐뿔도 없었으면서 당장이라도 살 것처럼 으름장을 놓는 연기를 하였다. 지금 돌이켜 생각해보면 우리를 소위 손님으로도 취급을 안 한 것인데, 남편은 양가 부모님이 도와주셔서 어떻게든 가장 저렴한 매물 정도는 살 수 있을 정도는 수중에 가지고 있다고 당당하게 이야기했다.

남편은 당시 그 금액은 우리에게 아주 큰돈이었는데도 불구하고 돈이 너무 없으면 응대를 잘해주지 않을 거라는 생각에 그렇게 이야기했다고 한다. 당연히 그 돈은 우리 수중에 없었다. 소장님은 그 돈으로는 살 수 있는 것이 없다며 우리에게 축객령을 내렸다. 부동산을 나오면서 분하던 생각이 아직도 난다. 그러고는 다른 부동산에도 여기저기 돌아보며 아는 척도 해보고, 아무것도 모른 척도 하면서 소장님들을 만났다. 그러나 하나 같이 기에 눌려서 찍소리도 못하고 부동산에서 나와 그 동네 소머리곰탕 한 그릇씩 먹고 집에 되돌아온 기억이 있다. 노골적인 축객령에 기분이 상했지만, 그때는 그게 굉장히 무례한 행동이었다는 걸 몰랐기에 금방 기분 전환이 되었다. 그래서 집에 돌아오는 길에는 그냥 발품을 많이 팔아서 피곤하다는 생각만 했다.

처음부터 투자자였던 사람과 결혼한 게 아니기 때문에 이런 기억들이 차곡차곡 모여서 나도 남편도 성장하게 되었다. 예전 데이트는 눈을 호강하게 하고 대접받는 데이트였다면, 지금은 임장이 데이트이다. 계약금을 넣고 시간이 흐르면 1년 동안 매월 50만 원씩 모은 적금보다 웃도는 돈을 벌 수 있는 경험을 하고 나니, 처음에는 섭섭하고 자시고 할 생각을 할 겨를도 없이 빠져들었다. 지금은 임장을 동행한다는 것은 남편과의 인생 파트너로서 존중받는 느낌이 든다.

그뿐 아니라 남편도 스스로 근거를 가지고 하는 선택이지만 매번 안전하지 않을 수 있다는 마음을 가진다는 것을 나도 느낀다. 말은 안 하지만 뉴스에 부동산 정책이라도 나오면 손톱을 물어뜯으며 불안해하기도 한다. 그런데 이렇게 현장에 가서 실제로 보고 소장님이 바라보는 전망이라든지 투자자의 입성 유무 등을 이야기 나누면 잘못 선택하지 않았다는 생각에 다시 안심하곤 한다. 그러고 나서 분위기 좋은 카페의 시그니처 커피를 곁들이며 남편이 생각하는 예상 수익률에 대해 논하게 되면 장밋빛 미래가 당장 코앞에 있는 것 같아 행복감에 젖어 든다.

이렇게 좋은 점도 있지만 임장이 데이트가 되면서 완전히 여자로서는 사라지는 기분이 고개를 빼꼼 내밀 때도 있다. 그럴 때는 하염없이 우울해진다. 그런 마음이 들 때는 '엄마니깐'이라고 스스로 다독여 본다. 그러나 임장이 아니면 데이트라는 것이라 할 만한 것은 밤에 아기들을 재우고, 재활용 쓰레기를 버리러 잠깐 남편과 나가는 것밖에 없다는 사실이 암담하다.

사실 하려고 하면 데이트 할 수 있는 거 둘 다 잘 알고 있다. 베이비시터님이 두 분이나 오셔서 첫째와 둘째를 각각 봐주시는데, 그 시간에 남편과 나는 각자 자기의 일에 심취한다. 그 시간에 남편이 데이트를 하자고 한 적은 단 한 번도 없다. 그래서 어느 순간 놓아버리게 되는 것들이 있는데, 특히 지저분하게 자란 눈썹을 볼 때면 가장 마음이 지친다. 그러다 보니 나의 속마음을 남편보다 베이비시터님이 더 잘 알게 되는 아이러니한 일도 발생하는데, 이런 상황이 웃기면서도 슬프다.

그래도 이런 마음은 잠깐이니까 일단은 다 제쳐두고 이루고 싶은 걸 얻고 난 후 진짜 멋진 여자가 되자고 다짐한다. 그러기 위해 남편을 물심양면으로 보좌하고자 남편이 임장을 가자고 하면 웬만해서는 따라나서는 편이다. 그렇게 아이들을 챙겨서 어려운 발걸음을 하였기에 아무것도 얻는 것 없이 돌아오면 안 될 거 같은 조급함을 많이 느낀다. 가계약금을 보낼 계좌도 안 나온다면 허탈감에 집에 갈 때까지 우울함이 하늘을 찌른다. 그래서 요즘에는 남편이 소장님과 이야기 나눌 동안, 나는 아이들과 아파트 단지를 돌아본다든지 하며 기분 환기를 많이 한다.

물론 이렇게 데이트라는 달콤한 단어는 사라져 가는 와중에 나를 얽매는 것 같아 답답할 때도 있다. 그러나 멈출 수는 없다. 남편이 부동산 상승장을 보고 기차에 빗대어 설명해준 적이 있다. 달리는 기차는 속도를 올리기 위해서 많은 에너지가 필요하지만, 막상 달리면 멈추기 힘들다면서 부동산 상승장에 빗대어 말한 적이 있다.

　나는 그것이 우리 모습과 같다고 생각한다. 우리는 달리는 기차에 올라탔고, 그 기차에서 바라보는 창밖의 풍경은 항상 아름답지는 않을 것이다. 너무 빨리 지나치는 것에 불안감도 느낄 것이고, 풍경을 오래 붙잡아 두지 못하여 후회의 마음이 들 때도 있을 것이다. 그러나 그것을 그대로 받아들여야지 어리석게 붙잡을 수 없는 마음을 잡고자 뛰어내릴 수는 없는 것이다. 기차는 목적지에 도착하거나 선로가 끊겨서 추락하지 않으면 멈추지 않는다는 것을 항상 기억한다. 그리고 기차가 목적지에 도착하면 나를 반겨줄 나를 기대한다.

빛 좋은 개살구

보통 자신을 업그레이드하는 행위가 무엇이냐고 물어봤을 때, 내 친동생만 해도 돈을 창출하는 모든 행위가 자기계발이라고 생각한다. 그래서 직장 상사랑 먹는 술자리조차도 돈을 위한 자기계발이고, 운동 또한 건강해져서 돈을 벌 수 있으니 이것도 간접적인 자기계발이라고 하였다. 그럼 술을 먹는 것과 건강을 위하는 두 가지가 상충하는 것 아니냐는 물음에, 회식에서 술을 먹고 회사의 인정을 받으면 고과를 잘 받을 확률이 늘어나 진급에 유리할 수 있으니 더 우위에 있는 자기계발이라는 얼토당토않은 말을 하였다.

이렇듯 모두 자기만의 자기계발 신념이 있다. 나 또한 자기계발이라고 함은 모름지기 '너보다 열심히 산 흔적'이라고 생각했다. 그걸 누가 봐도 맞다고 인정할 수 있어야 하니 자격증을 딴다는 것은 '너보

전업 부동산 투자자의 가족으로 산다는 것

다 열심히 살았어'를 적절히 공표하는 수단이었다. 그리고 운이 좋게도 실기 시험이 있는 자격증이라도 함께 시험 치러 간 남자들은 줄줄이 낙방을 하는데 나는 한 번에 척척 붙었다. 자신감이 생겼고, 회사에서 신입이든 경력자든 좀 가르쳐 달라고 줄을 서니 답변을 하면서 잘난 척을 할 수 있었다. 가르쳐 주면서 고생한 나날이 인정받았다는 생각에 전율을 느꼈다. 그러다 보니 엔지니어 일을 하는 나는 남초 회사에서 남자들보다 실무 자격증을 더 많이 딴 여자가 되었고, 이것은 훈장이 되었다. 나는 그 훈장을 지키기 위해 하루하루 허투루 쓰지 않고 다른 자격증을 따야 한다고 목을 맸다. 그러나 그것은 착각이었다. 나를 야금야금 부서트려버리는 그런 착각 말이다.

지금 생각해보면 그때의 나는 우물 안 개구리와 같다. 보통 성장드라마의 뻔한 줄거리는 아무도 기대하지 않았던 사람이 난관을 이겨내고 인정과 박수를 받으며 끝난다. 나는 그런 드라마의 주인공이 되고 싶었나 보다. 얼마나 어리석었는지 야근은 당연했고, 퇴근을 해도 나에게 시간을 쓰지 않고 그 시간에 회사를 위한 자격증을 준비하거나 회사 일을 바리바리 챙겨 와서 주말에도 할애를 했다. 지금 생각해보면 나를 위한 것을 해본 적이 없다. 하물며 해외여행도 남편과 나이 서른이 되어 처음 해보았다. 전에는 나를 오롯이 바라본다는 생각을 해본 적이 없다.

그렇게 살아서 얻은 것이라고는 자존감 하나뿐이다. 작은 성공이 계속되니 스스로에게 자신감이 생겼다. 그 자신감이 독이 되어, 열심히 살지 않는다 판단되는 사람들은 우습게 보게 되었다. 또한 나보다 열심히 산 사람들은 너무나 존경하게 되어 잘 따랐는데, 그 모습을 남들은 아부한다고 내 뒤에서 욕했다. 소위 강한 사람에게 약하고, 약한 사람에게 강해지는 경향이 생기는 부작용도 있었지만, 어쨌든 '나는 옳다'라는 스스로에게 관대한 자존감이 높아졌다.

그와 반대로 잃은 것은 얻은 것의 몇 배에 해당한다. 일단 '그동안 뭐하고 살았나?' 생각에 잠기면 기억나는 건 하나도 없다. 국가고시를 위하여 열심히 외웠던 전공 지식은 물론이고, 가까운 과거에 외웠던 자격증 이론들 모두 포함이다. 정녕 주입식 교육의 한계인가. 거짓말을 하나도 안 보태고 정말 기억이 하나도 나지 않는다. 머리 싸매고 떠 올린 건 대학생 때 밤늦게까지 도서관에 있다가 책을 짊어지고 바라보았던 하늘의 별이다. 학교가 산에 있어서 공기가 좋았는데 별도 많이 떠서 참 예뻤다.

그런 내가 남편을 만나고 접하게 된 수많은 사람들의 이야기는 처음에는 '낯설게 열심히 사는 사람들'이었다. 솔직히 이상한 사람들 같았다. 예를 들어 새벽 4시에 일어나서 남들보다 이르게 오늘 하루를 계획하고 준비하자는 취지의 미라클 모닝이라든지, 십 분 단위로 하루 계획을 짜서 자기가 원하는 것을 하기 위한 계획표를 만드는 사람들이 너무 신기했다. 계획표 짜는 방법에 대한 유튜브 영상 조회 수가 무려 몇십만 회가 넘으니 말이다. 처음 접했을 때는 전혀 부럽지도 않았고, 왜 저렇게까지 해서 사는가라는 생각에 속으로 혀를 차기도 했다. 특히 미라클 모닝 같은 경우는 저녁형 인간인 나에게는 이해하기 어려운 분야였다. 하루를 마무리하는 저녁 시간에 내일 무엇을 할지 생각하고, 하고 싶은 것을 계획하면 되지 자다가 스트레스 받게 새벽 4시에 일어나서 무언가를 한다는 것이 이해가 되지 않았다. 지금이야 너무 부럽다. 저렇게까지 하고 싶은 것이 있다는 것이 제일 부럽다. 더 이상 못 자겠다 싶을 때까지 자는 것이 요즘 내가 가장 하고 싶은 일인데, 자도 자도 계속 자고 싶은 잠을 쪼개면서까지 하고 싶은 것이라니 박수를 보낸다.

'하고 싶은 것'을 해야 하는데, 이때까지 내가 하던 자기계발이라고는 '해야만 하는 것'을 궁리하고 억지로라도 실행하는 것이었다. 억지로 꾸역꾸역해도 안 될 경우 피로도가 막심하였지만 포기할 수는 없었다. 왜냐면 투자한 시간 때문이다. 그 시간이 아까워서 되돌릴 수 없었다. 암기한 것이 사라질까 봐 또는 감을 잃을까 봐 무서워서라도 재충전 시간 따위는 없었다.

그러나 이제는 다르다. 남편처럼 나와 다른 시야를 원하든 원치 않든 영향을 받게 되고, 집중해서 듣던 안 듣던 그 분야 선두주자들의 이야기를 들으면서 '자기계발이라는 것은 하고 싶은 것을 하는 것'이라는 생각이 강하게 들었다.

하고 싶은 것을 자기계발이라 정정하니, 삶이 달라졌다. 생활은 풍성해졌고 시야가 넓어진다. 지금 이렇게 나에게는 평범한 일상이 책으로 출간될 수 있는 기회를 잡은 것처럼 말이다. 이 '하고 싶은 것'은 결론이 없어도 또한 잠시 멈춰도 '0'이 되지 않는다. 하물며 첩첩산중을 헤쳐 나간다는 만족감과 남들이 하지 않는 도전을 한다는 우월감까지 주기도 한다.

"한번 해 보지 뭐. 안 되면 어쩔 수 없고."

이 말은 시작했으면 꼭 결과로 보여줘야 한다고 생각했던 예전의 나에게는 상상할 수 없는 말이다. 꼭 해내야 했기 때문에 해낼 수 없을 것이라고 판단되는 것은 시도조차 하지 않았는데, 이제는 가벼운 마음으로 시간을 계획하고 내가 볼 손해를 혼자 헤아려본다. 그리고는 손해 보았다고 생각하고, 과감하게 투자하여 시도한다.

실패도 많이 했는데, 모두 그다음을 위한 발판이 되었다. 예를 들어, 나는 점을 보는 것을 좋아했다. 고등학생일 때부터 타로점, 철학관에 신점까지 점이라는 점은 참 많이 보러 다녔다. 그러던 어느 날 아파트 잔금을 치르고 나면 당분간 생활비가 빠듯한 상황이 될 거 같다는 남편의 한숨 소리에 월급을 남편에게 모두 다 송금했다. 그리고 오로지 나에게 쓸 용돈을 위하여 부업이라도 해야 하나 생각이 들자 바로 명리학 공부를 시작했다. 하지만 웬걸? 너무 재밌고 신기한 마음에 밤낮으로 열심히 공부했다. 몇 달 후 처음으로 재능 판매 사이트에서 의뢰를 받기 시작했고, 1년 후 한 온라인 사이트에서 잠깐이나마 1등 사주 선생님이 되었다. 이렇게 가벼운 마음으로 시작한 새로운 도전은 나의 즐거움이자 부의 창출까지 되는 특장점이 되었다.

물론 시도하다 포기한 것도 셀 수 없다. 남편한테 보여주고자 회사 다니면서 3~4개월간 공인중개사 시험을 준비했는데, 평균 40점으로 1차에서 떨어졌다. 또 새벽녘에 남편이 출근을 시켜줬는데, 불현듯 출근길에 나누는 대화를 녹음하여 팟캐스트로 올리면 어떨까 생각이 들었다. 바로 주먹구구식으로 휴대폰으로 녹음하여 팟캐스트에 올렸다. 그러나 대본 없이 녹음을 하다 보니 NG가 너무 많이 났고, 편집 프로그램을 잘 다루지 못하니 3~4개의 오디오를 올리고는 흥미를 잃었다.

하지만 거기서 마침표는 아니다. 3~4개월 공부를 통하여 부동산 관련 뉴스에 한 번씩 공부했던 단어들이 나올 때는 참 반갑다. 또한 팟캐스트를 시도한 경험 덕분에 검색하며 독학했던 편집 프로그램을 조금이나마 다룰 수 있게 되었기 때문이다.

그런 경험들이 모이니 신기하게 하고 싶은 것들이 계속 불어났다. 요새는 잠자리에서 아이들에게 즉석으로 지어서 말해주는 옛날이야기를 동화로 만들고 싶다는 생각도 한다. 하고 싶은 것은 계속 많아져서 순서를 정해야 할 정도이다. 아직까지는 새벽 4시에 일어나서 하고 싶지는 않지만, 짬을 내서라도 '더' 하고 싶다.

이렇게 하고 싶은 것이 많아지자 이때까지 갈구하여 얻어낸 경력과 자격증에 대해 생각하면 참 허탈하다. 내가 꿈꾸는 경제적 자유에는 그 경력과 자격증은 있어도 그만, 없어도 그만이기 때문이다. 둘째를 낳은 지 얼마 안 된 이 시점에도 하고 싶은 것을 욕심내는 것이 가족들에게 미안할 때가 있다. 가족들에게 최대한 피해를 주지 않는 선에서 노력하되, 예전의 나처럼 아무것도 기억에 남는 것이 없는 기간이 되지 않게 할 것이다. 계속 하고 싶은 것이 생겨서 경제적 자유를 이뤄냈을 때는 더 많이 도전하고 싶다.

예전의 내가 이런 것을 알았다면 스스로를 갉아먹는, 소위 허튼짓을 하나라도 줄였을 텐데. 빛 좋은 개살구가 따로 없다는 생각이 든다. 나의 그림자가 짙어진다.

남편이 집에 없는 날

남편이 1박 2일로 집을 비울 일은 전무하다. 대게 주말마다 임장을 가는 사람들이 많다. 그래서 전업 투자자가 되면 임장 스케줄을 매주 월요일부터 일요일까지 빡빡하게 채우지 않을까 생각하는 사람도 있고, 그렇게 하는 사람도 분명 있다. 그러나 남편은 1박 2일로는 임장을 가지 않는다. 물론 한 달에 두 번은 갈 수 있게 해달라고 부탁한다. 못 가게 한 적은 없으며, 남편이 정한 오전 10시부터 저녁 6시까지는 전적으로 투자에 집중할 수 있게끔 시간을 양보해주려고 노력한다. 그 시간을 활용하여 임장을 가는 것에 대해서는 일절 바가지 긁지 않는 게 룰이다.

남편은 임장을 당일로 다녀오곤 하지, 1박 2일로 간 적은 없다. 한 지역이 아닌 여러 지역을 둘러본다면 1박 2일뿐 아니라 한 달 내내 집에 안 들어올 수도 있다. 그러나 남편이 그렇게 하지 않는 것은 집에서 기다리는 식구들에 대한 배려일 것이다.

오늘 같은 경우도 남편이 서울로 임장을 간다고 했다. KTX를 타야 했기에 오전 8시 30분 기차를 예매했고, 돌아오는 시간은 늦은 저녁일 것으로 예상되어 기차 예매도 하지 않고 갔다. 남편은 약속했던 오전 10시 전에 전업 투자자로 출근해서 퇴근하기로 한 오후 6시가 넘는 시간에 집으로 돌아오는 것이다. 보통 일반 직장인들도 외근이라는 것이 있고, 야근도 하니 그 부분에 대해서는 충분히 이해한다. 그 대신 나의 육아 근무시간도 늘어나니 남편은 그에 대한 추가 위로를 보충해야 할 뿐이다.

그런데 남편의 공식적인 외박 스케줄이 있다. 바로 부동산 투자자 모임에서 하는 MT이다. 흔히들 알고 있는 '멤버십 트레이닝'을 간다. 코로나 시국에 회사 다니던 사람들도 MT를 가지 않는 와중에, 투자자들의 MT가 개최되고 사람들이 참여한다. 물론 소수로 가는 것이기 때문에 방역도 철저히 하겠지만, 참가를 할지 고민하는 남편을 보고 '말만 전업이지 직장인 못지않군' 하고 생각했다. 아기가 둘이니 코로나19가 겁이 나서 끝내 가지 않았다. 만약 내가 가라고 적극적으로 권유했다면 남편은 분명히 갔을 것이다. 아기 때문에 가지 말라고 한 것은 여러 이유 중에 하나일 뿐이다.

사실 처음에는 나도 MT를 무조건적으로 우선시 여겼다. 아이 낳

전업 부동산 투자자의 가족으로 산다는 것

고 두어 달 후에도 MT가 있다는 남편의 말에 참여하는 것을 적극적으로 권장했는데, 이제는 그렇지 않다. 남편이 부동산 모임에서 MT를 가는 것에 대해 파스타 집으로 비유한 적이 있다. 파스타를 맛있게 하는 셰프가 있었다. 그 셰프가 하는 파스타를 먹고 싶어서 갔는데, 맛은 기가 막혔지만 느끼함에 김치를 원했다. 그러나 김치를 요구하는 사람은 아무도 없었다. 그래서 김치를 요구하지 못했다. 다음번에 다시 그 집을 갔더니 역시나 마찬가지였다. 그리고 '이 집은 김치를 안 주는 집이구나'라고 깨달아 버렸다. 그 이후 파스타 자체의 느끼함만 즐기러 그 집에 방문한다.

여기서 파스타를 맛있게 하는 셰프는 소위 말해서 부동산 투자를 좀 하는 사람이다. 부동산에 유명한 사람이 참여한 MT에 멤버십을 다지기 위하여 참여한다. 소위 부동산에 일가견이 있는 사람들이 모인다고 하였으니, 부동산 투자에 대한 팁을 얻을 수 있지 않을까 고대하여 처음에는 MT 참가에 전폭적인 지지를 보냈다. 그러나 나의 기대감을 어깨에 잔뜩 얹은 남편은 빈손으로 웃으며 집으로 돌아온다.

즐겁긴 즐거웠나 보다. 분명 남편도 부푼 가슴을 안고 참가했지만, 정작 부동산에 대한 이야기는 참가자 누구도 꺼내지 않았다고 한다. 이번 한 번만 그런가 싶어서 다음에도 뭐든 다 제쳐놓고 참석시켰다. 산후 우울증에 힘들어하던 중에도 걱정 말라며 남편의 등을 떠밀었으니, 나로서는 할 만큼 한 것이다. 하지만 역시나 부동산에 대한 이야기를 심도 있게 나누거나 은밀한 정보 같은 건 없었다. 그다음부터는 사람들과의 유대감을 얻기 위해서만 참여를 했다.

그렇다고 MT에 두어 번 가본 후 우리가 원하는 김치가 없다는 이유로 남편의 참여를 반대하지는 않았다. 피치 못할 사정이 없다면 되레 참여를 독려했다. 왜냐하면 검증된 맛집이기 때문이다. 정말 핵심적인 정보와 팁이 없더라도 그들은 남편과 같은 공감대를 가졌고, 우리의 행동반경 밖에 있는 사람들과 유대감을 가질 기회가 흔치 않은 건 확실하기 때문이다. 무엇보다 남편이 즐거워했다. 그리고 이 세상에는 맛있는 파스타를 해주는 셰프는 많고 맛있는 파스타 종류도 다양하다. 굳이 그 MT만으로 우리가 원하는 모든 것을 얻을 필요는 없다.

그렇게 스스로에게 세뇌하여 행하는 모든 것은 남편을 위한 것이고, 내 입장만 생각했을 때는 사실 MT를 보내는 것이 마냥 불쾌하다. 가라고 해놓고도 기분은 엉망인데, 이 모순이 내 속이 좁은 거 같아서 부끄럽기도 하다. 왜냐면 남편이 일단 외박을 한다면 이틀은 나 혼자서 독박 육아다. 남편은 즐기러 가는 거라 소풍 가기 전날처럼 긴장해서 잠을 뒤척인다. 나는 마음을 단단히 먹어야 하기 때문에 일찍 잠들려고 노력한다. 집에 와서 도와주는 분이 있고 시부모님도 도와주시지만, 육아를 남편과 함께 하는 것과는 다르다. 마음이 편하지 않다. 그래도 남편이 가면 좋아하니까 참을 인을 새겨가며 보내는데, 가서 하는 것이 참 유치하기 그지없을 때가 있다. 그것을 볼 때는 속에서 천불이 난다.

모든 모임에서 다 그런 것은 절대 아니다. 하지만 천불이 나던 상황을 예를 들면 몇 가지 떠오르는 기억이 있다. 가령 쓸모없는 물건을 하나씩 가지고 와서 서로서로 선물을 한다고 인터넷 쇼핑에 열을 올리는 남편의 모습을 봤다. 그걸 검색해서 고르고 있는 남편을 바라보자니 '이 시간이 제일 쓸모없다'고 생각했지만, 또 다시 참을 인을 삼켰다. 물론 남편도 기억도 안 나는 무엇인가를 받아왔다.

또 한 번은 다 같이 갑자기 충동적으로 바다에 가서 빠뜨리기를 한다고, 원래 오기로 했던 도착 예상 시간보다 집에 늦게 온 적이 있다. 순수했던 대학생 때나 하던 것을 어쨌든 돈을 좇는 사람들이 모여서 하다니. 다 큰 성인을, 그것도 친분이 그렇게 깊지도 않은 사람을 바다에 빠뜨리기라니, 성장 드라마와 같은 한 장면이 연출됨에 당황스러웠다. 그리고는 기다리고 있는 와이프는 안중에 없다는 생각에 곧 불쾌함을 느꼈다.

직장생활을 하면서 워크숍은 수없이 가봤다. 항상 같은 패턴이었는데, 저녁 시간에 사장님께 바치는 충성 어린 장기자랑과 어디선가 끝없이 나오는 술을 먹다 보면 하나둘 잠을 자러 갔다. 그래도 잠은 자기 방에 들어가서 잤다.

그런데 남편이 가는 MT는 단체로 묵는 숙소에서 개인적인 공간도 없이 남자방, 여자방 이렇게 큰 틀에서 나누어 잠을 청한다. 이것도 무척 불만이다. 단둘이 간 MT도 아닌데 이렇게 예민하게 받아들이는 것이 이상하게 보일 수 있다. 그래도 이름도 우습게 MT라니. 남편에게 더 이상 입을 떼지는 않았다. 이러니 보내 놓고 정말 마음이 불편하다.

투자자들은 남녀 구분이 없다. 그렇기에 투자하는 남자와 여자들의 만남을 두고 나 스스로를 위해서라도 감정 소모를 하고 싶지 않다. 그래서 미리 고지만 해주면 상식선 내에서는 크게 터치하지 않는 편이다. 그것이 막달에 배가 불러 숨도 쉬기 힘들어하는 와이프를 두고 다른 여자랑 밤에 몇십 분씩 통화를 하더라도 말이다.

그러나 거짓말을 하고 만나는 것은 차원이 다른 문제다. 전업으로 전환한 초창기, 남편이 투자자의 세계에 처음 뛰어들었을 때였다. 남편이 거짓말을 하고 여자 투자자를 만난 적이 있다. 내가 괜히 걱정할까봐 우려한 남편의 선의의 거짓말이었다. 어떤 이들은 남편의 섬세한 배려심에 박수를 보내는 사람들도 있겠지만, 그것은 걸리지 않았을 때의 이야기이다. 산후 우울증까지 갔던 나에게 아이를 맡기고 거짓말까지 해서 얻은 자유시간을 어린 여자 투자자에게 자기 실력을 뽐내는 데 사용하였고, 그 시간은 나비효과가 되어 나의 광기로 마무리 되었다.

남편이 거짓말을 하던 당시 나에게 필요한 것은 선의의 거짓말이 결코 아니었다. 차라리 바람 피우러 가는 길이었더라도 진실을 말했어야 했다. 남편은 그 한 번으로 신뢰를 잃었고, 나는 그 뒤로 불안이라는 숙제를 안게 된다.

한날은 MT에 가라고 말해놓고 며칠 동안 기분이 계속 안 좋아서, 거기에 결혼한 사람들도 다 오는지 물어본 적이 있다. 그러자 남편은 당연하게 기혼자들도 다 참여한다고 해맑게 대답했다. 그 말을 듣고 '저 사람들은 반려자를 어떻게 안심시켜서 이 자리에 모일 수 있었을까?' 궁금증을 가진 적이 있다. 나만 유난인가 싶어서 남편에게 나도 그런 자리가 생겨서 간다면 보내주겠냐고 물으니 "가도 좋다"는 답변을 받았다. 아기들을 조금 키우면 나도 인터넷에서 만난 사람들과 1박 2일로 모여서 술도 마시고 남녀 구분 없이 같이 누워 자볼 예정이다.

남편에게 외박은 그냥 말 그대로 일이겠지만, 나에게 남편의 외박은 불안감이다. 투자를 한다는 것은 거짓말을 잘하는 것과 일맥상통하는 것일까? 어느 투자자는 회사에 연차를 써놓고는 출근한다고 집을 나와 설레는 발걸음으로 임장을 간다고 한다. 그리고 사람들에게 자랑스레 말한다. 참 우습다. 소중한 가족들을 이렇게 속였다고 사람들에게 자랑하듯이 말하는 것을 보면 집에 있는 가족들이 안타깝다. 그렇게 거짓말을 해서 도착한 곳이 경제적 자유라면, 경제적 자유 종착지에 과연 누구와 서 있을까 생각해본다.

보통 남편이 출장을 갈 때 편하다고 느끼는 사람도 있다. 밥 안 해도 되는 거는 나도 편하다. 그러나 남편의 외박은 허락해야 한다는 것을 머리로는 알고 있지만, 마음으로는 가시가 박힌 것처럼 불편함을 느낀다. 남편을 위하는 마음과 나의 마음 사이에서 하는 선택은 항상 딜레마다.

투자자 부부의 강박증

심장이 조여 온다. 그리고 손끝이 저려오는 것이 오늘 왠지 꼬였다는 예감이 강하게 든다. 이런 날은 뻔하다. 결혼 전 같으면 여름에는 에어컨을 켜놓고 출근했을 때고, 겨울에는 전기장판을 켜놓고 출근한 경우이다. 이런 날은 종일 불편하다.

덜렁대는 성격에 혼자 사니까 이런 사소한 실수가 잦았다. 퇴근하고 집에 가면 당연히 아무 일 없다. 그래도 매번 실수가 사고로 번질까 봐 걱정이 됐는데, 잊어먹을 것이면 계속 잊어먹지 갑자기 떠올라서는 집에 갈 때까지 극단적인 상상마저 하게 한다. 시작하면 끝이 없다. 그러니 아예 생각하지 않는 게 정답이다. 그래서 그 뒤로는 실수하더라도 아예 생각을 하지 않기 위해 노력한다.

결혼하고 나니 가족이 많아졌다. 서로 도울 수 있는 내 편이 많아지는 것이다. 한평생 혼자 살아온 나에게 이보다 든든할 수가 없다. 그래서 그런지 신기하게도 에어컨이나 전기장판을 안 꺼서 생기는 불안함을 더 이상 느끼지 않게 되었다.

그렇게 불안할 일이 없으니 무서울 것이 없다고 여겼지만, 무서운 것이 생겼다. 바로 투자한 아파트의 단체 카카오톡 대화방에 '99+'라는 표시를 보는 것이다. '99+' 표시는 읽지 않은 대화들이 99개 이상이라는 표시인데, 상당히 부담스러운 일과처럼 느껴진다.

쌓여있는 메시지를 보면 꼭 해야 할 일을 하지 않은 것처럼 마음이 무거워진다. 시키지도 않았으나 기상하면 가장 먼저 하는 것은 몇 시인지 휴대폰으로 시간을 보는 것이고, 그다음은 아파트 단톡방에 들어간다. 그리고 밀린 대화를 재빨리 훑어보고는 경제신문을 읽는다. 부동산에 관심이 많은 사람들이 모여 있다 보니 단톡방에 아침마다 그날 주요 경제신문 기사가 올라오는데, 잠결에 일어나 비몽사몽으로 헤드라인만 읽는다. 사실 그냥 출근 도장을 찍는 것과 같다.

지어지고 10년이 안 된 아파트를 보통 '준신축'이라고 하는데, 준신축 아파트에는 정보를 교류하는 단체 카카오톡 대화방이 존재한다. 어렵지 않게 참여할 수 있다. 처음에는 아파트의 '분위기'를 주시하기 위하여 남편과 함께 곳곳의 단톡방에 들어가 있었다. 처음에는 그런 단톡방에 들어간다는 것이 마치 임무를 하달 받은 거 같아서 열심히 참여했다.

여기서 '분위기'라 함은 "얼마에 급매가 나왔는데 이번 달 안에 잔금 치르는 것이 조건이래요"라든지, "얼마에 산다고 했는데 계좌가 안 나왔어요", 또는 "어디 아파트가 얼마 신고가가 나왔대요" 같은 것이다. 실거래는 한 달 안에 부동산에서 올리게 되어 있기에 현재 시세를 반영하기에는 늦다. 그러나 단톡방에서는 부동산에서 일어난 일들이 현업에 계시는 부동산 소장님들보다도 빠르게 전달되기 때문에 그 아파트 단지 근처 부동산 소장님들도 많이 들어와 있다. 남편 혼자 이런 분위기를 모두 모니터링 할 수 없기에, 적재적소 위치에 빠르게 확인하기 위한 전략적 말들을 배치해 둔 것이다.

그러나 처음과는 달리 몇 백 명이 들어와 있는 단톡방에 누가 무엇을 이야기하는가는 그렇게 중요하지 않다는 것을 곧 깨닫게 된다. 시사 프로그램에서는 집값 상승을 주도하기 위하여 주민들이 단합도 한다고 해서, 처음에는 이것이야말로 투기의 현장인가 싶었다. 그러나 단톡방에 모여 있는 사람들 중에는 투자자도 많지만, 실거주하는 사람들도 많다. 실거주하는 사람들은 인생을 바쳐서 마련한 소중한 주거지이고, 투자로 매수한 사람에게는 자신의 기준에 부합하는 완벽한 아파트이다.

그렇기에 집값이 저평가되는 것은 자기를 무시하는 것과 같다고 여기는 사람들이 많다. 또한 10년 후에나 가능한 아파트 리모델링 사업을 벌써부터 기대하는 이들도 있다. 그들은 온통 아파트에 온 신경이 집중되어 있는데, 지역 내 부동산 카페에 아파트 비방글이라도 올라오면 수십 개의 메시지가 단톡방에 단숨에 쌓이고는 한다. 아무리 목표를 위하여 투자한 아파트지만 사사롭게는 손잡이부터 아파트 앞의 스타벅스 위치까지 관심을 두는 사람들과 애정도를 견줄 수 없겠다는 생각이 들었다. 그때부터 단톡방에 나서서 이야기를 하지 않게 되었다. 그래도 실거래가 올라온 것도 없는데 거래량까지 적다고 하면 불안한 마음에 기상 후 대화들을 빠르게 훑어보는 것이 습관이 되었다.

그러다 뉴스 기사에 해당 지역의 부동산 가격 하락과 관련된 기사가 나오면 매우 예민해지고, 조금 더 단톡방에 오고 가는 이야기들에 대해 집중하고 관심을 가진다. 그러나 나를 안심시키는 중요한 이야기는 없는 편이다. 그래서 아침에 일어나 단톡방에서 눈치를 보고 경제신문을 보는 것만으로 아침을 시작한다.

얼마 전, 아이들이 번갈아 가면서 열 감기를 앓아서 한 달을 고생했다. 아침까지 견딘 아이를 안고 병원에 뛰어간 게 한두 번이 아니다. 분유도 먹지 않고 축 늘어진 아이를 억지로 혈관을 잡아 자지러지게 우는 걸 달래 가며 수액을 맞혔다. 겨우 잡은 혈관이 다음날 막혔을까 봐 눈 뜨자마자 달려간 병원에서 한 시간쯤 지났을까, 지쳐서 잠든 아이를 보다가 안도의 한숨을 쉬고는 휴대폰을 들었다. 그리고는 단톡방에 들어가 경제신문을 빠르게 넘기다가 흠칫 놀랐다. 애가 아

전업 **부동산 투자자**의 가족으로 산다는 것

픈 와중에 경제가 웬 말이란 말인가. 습관이 되어버린 이 강박증과 같은 것에 불쾌한 감정이 솟구쳤다.

내 옆에서 남편도 휴대폰을 만지고 있었는데, 아무런 죄책감을 느끼지 않고 있었다. 죄라고 지각조차 못하고 아무 거리낌 없는 모습을 보자니 염증을 느꼈다. 그러나 혹시나 남편의 일에 도움이 될 수 있지 않을까 싶어 단톡방에서 나가는 것을 강행하지는 못했다. 그래도 아이가 아픈데 경제신문을 읽던 나의 모습에 혐오감을 느끼고, 매일매일 하던 아파트 호가 확인은 그날부터 하지 않게 되었다.

그 외에 사사롭지만 강박을 느끼는 것은 바로 '부정적인' 말을 듣는 것을 참지 못한다는 것이다. '부정적인' 것의 기준은 내가 원하지 않는 말이다. 답을 정해놓고 묻는 것과 비슷한 맥락이지만 약간 다르다. 나는 말이라는 것은 뱉는 순간 힘을 가져 이루어진다고 생각한다. 그런 나에게 남편의 일과 우리 가족에 대해서 부정적으로 이야기를 한다면? 그 자리에서 바로 "노!"라고 외치며 눈을 부릅뜬다.

보통 남편이 흔히 초를 치는 말을 자주 한다. 예를 들어서 "할 수 있겠어?", "그게 되겠어?" 라는 말을 한 번씩 한다. 그런 말을 들으면 기껏 노력하고 있는 사람의 입장에서는 맥이 딱 풀린다. 처음에는 할 수 있겠냐는 물음에 "당연하지!"라고 대답했다면, 이제는 참다 참다 괜히 불안을 부추긴다고 폭발했다. 남편은 몰매를 맞고는 다시는 그런 말을 하지 않도록 노력하고 있다. 김칫국 마시는 것에 대해서 남편이 부정적으로 여기는 이유는 기대했다가 뜻대로 되지 않을 경우, 상처받는 것을 막고자 하는 자기 보호 본능이자 와이프에 대한 배려임을 안다. 하지만 나에게는 원치 않은 배려이자, 오히려 불안감을 증폭시키는 매개체가 된다.

부부는 일심동체라고 하지만 이렇게 남편도 나도 같은 주제를 바라보았을 때 서로 반대의 강박을 가진다. 남편은 실패했을 때 상처받을까 봐 되레 부정적인 말을 하고, 나는 말을 뱉는다는 것이 '소원한다'는 의미와 같기에 그런 부정적인 말은 몸서리치게 싫다. 이렇게 다른 것은 성향 차이에서도 비롯된다. 남편은 아우르면서 손에 손을 잡고 둥글게 목표를 향해 굴러가는 사람이고, 나는 행동파로 남편과 아이들을 모두 어깨에 짊어지고 맨발로 전력 질주하는 사람이다.

남편이 아우르면서 목표에 가는 사람이라는 것을 보여주는 일화가 있다. 남편은 원래 남이 자기 이야기하는 것에 귀가 밝은데, 그게 전업 투자자가 되어서는 부동산 이야기하는 사람들의 이야기를 잘 엿듣는 쪽으로 발휘됐다. 카페에서 커피를 마실 때 다들 화기애애하게 담소를 나누다 보니 옆 테이블 이야기도 잘 들리지 않는데, 그럼에도 불구하고 멀리 떨어진 테이블 이야기도 잘 듣는 것을 보고 무척 신기했다. 그리고는 "어디 어디 투자해서 어떻게 벌었어"가 들리면 대단한 사람들이라며 나한테만 들리게끔 이야기를 해주곤 한다. 그러다 가끔 "어디 어디 투자해서 못 벌었어"라는 이야기가 들리면 그때부터 시세 조회를 하여 컨설팅을 나에게 대신 해준다. 괜한 오지랖을 부리는 남편에게 "그만해!"라고 단호하게 말하지 않으면 끝내는 법이 없다.

이렇게 가만히 있지 못하는 것은 또 다른 강박증의 후유증이다. 투자자도 본업이 있다면 하루 종일 부동산 생각만 하고 있지는 않을 텐데, 남편은 전업이다 보니 자기의 노력 또는 실행한 것에 대비하여 결과물이 나오기 마련이라 뭐라도 하지 않으면 불안해한다. 어릴 때 가만히 있지 못해서 시어머니가 서예학원을 보냈다는 남편은 생각의 전환이 빠른 편인데, 한 번에 두세 가지 일도 너끈하다. 그래서 분위기 좋다고 소문난 카페에 가서도 나와 이야기를 나누면서 아이를 동시에 케어하고, 거기다 멀리서 들리는 사람들의 이야기도 잘 들으니 집에 오면 진이 빠질 수밖에 없다.

강박증은 투자하는 사람을 피 마르게 한다. 무엇이라도 해야 또는 무엇이라도 사야 안심이 되는 것이다. 그래서 돈이 없어서 매수를 못할 때는 돈을 만들고 싶고, 돈이 있는데 안 사는 것은 어리석은 행동이며, 만약 돈도 있고 살 수도 있는데 와이프가 반대한다면 말이 안 통하는 여자랑은 애초에 결혼하지도 않았겠거니와 속여서라도 산다고 우스갯소리를 한다. 아직까지 남편은 나를 설득시킬 수 없으면 그 누구도 인정 못한다 여겨 매수 전에 항상 매수 이유와 예상 수익률을 이야기해주는데, 저렇게 말하니 '투자도 중독이구나' 생각이 들었다.

우리 부부에게는 남편의 전업이라는 '직장'으로 인해서 생활 전반에 징크스와 강박증이라는 부스럼이 생겼다. 고쳐 보려고 노력도 한다. 그러나 줄이는 것보다 생겨나는 것이 더 많으니 문제다. 얼마 전에는 "낡은 팬티를 버리면 돈이 들어온다"는 지인의 말에 좀팽이의 상징이던 남편의 기워 입은 팬티들을 다 내다 버리고 싶은 강한 충동이 들었다. 그리고 아직 몇 년은 더 입을 수 있는 팬티들도 낡아 보이는 효과가 생겨서, 낡은 팬티를 바라보지 못하는 강박증이 생길 판이다. 우리 집의 징크스와 강박증은 계속 불어날 것 같다.

3장

전업 투자자의

빛과

그림자

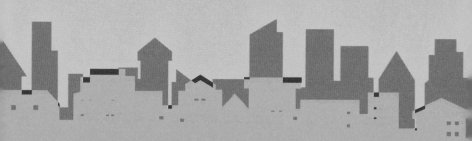

꼬이는 똥파리를 어이할꼬

첫째를 낳고 처음 하는 육아에 심신이 다 지쳐서 오로지 사람 자체에 무척 고파하던 적이 있다. 얼마나 사람이 그리웠는지, 조리원에서 연계해주는 유아 전집 방문 판매사원이 집에 와서 마주 앉았다는 것만으로도 너무 들떴었다.

그 당시 오셨던 분은 자기 회사에서 지역 내 실적 1등이라고 당당하게 말할 정도로 자신감이 있었다. 그리고 능수능란하게 영업을 시작했다. 초췌한 얼굴로 반쯤 혼이 빠져 이야기를 듣고 있던 나를 물끄러미 보더니 대뜸 "많이 힘들죠?" 물었고, 그 한마디가 나를 무장해제시켰다. 그 말이 어쩜 그렇게 위로가 됐는지 모르겠다. 앉은자리에서 남편에게 묻지도 않고, 몇백만 원이라는 돈을 바로 결제했다.

화기애애하게 담소를 나누다 남편 이야기가 나왔고, 그 이후에는 일사천리 투자에 대해서 이야기를 나누게 됐다. 그분은 투자에 관심이 많다며 이야기를 경청한다고 오는 전화도 받지 않았다. 그 모습에 흥에 겨워 나는 남편의 투자 내역이라든지 어디서 강의를 하는지까지 이야기를 꺼냈고, 그분은 그대로 마이너스 통장을 개설하더니 본인 가족들과 상의도 없이 독단적으로 투자를 시작하게 된다. 그 이후 하루가 멀다하고 전화가 왔다. 내 안부를 묻고, 큰아이의 선물을 사가지고 집에 오겠다며 아이와 남편의 안부를 꼭 물어보는 영업사원의 전화가 고마웠다. 그래서 "남편분을 한번 만나서 이야기 나누고 싶다"는 부탁을 거절하지 못했다.

남편은 상의 없이 잡은 약속에 불편한 기색을 보이긴 했지만, 나의 기를 살려주는 쪽을 선택했다. 투자는 모두 본인의 선택이라고 단호히 말했지만, 영업사원의 투자 내역에 대해 남편은 2시간이 넘도록 자기의 일인 것처럼 골똘히 생각하여 피드백을 해줬다. 그리고도 거의 매일 전화가 왔는데, 재미있게도 그분이 마이너스 통장 한도까지 꽉꽉 채워 투자를 목 끝까지 채우자 전화는 더 이상 오지 않았다. 그러다 두 달에 한 번쯤 의무적인 전화가 왔는데, 처음에는 그분이 진짜 바쁜 줄 알았다. 항상 큰아이에게 선물을 주러 집으로 방문하겠다고 몇 번이나 거듭 강조해서 진심인 줄 알고 놀러 오라고 권유했는데, 단 한 번도 오지 않았다. 아마 남편이 없는 날, 나 혼자 있을 때 초대를 했기 때문이었던 것 같다. 그분의 니즈에는 맞지 않았던 걸로 예상되는데, 왜냐면 통화의 마무리에는 '남편분은 집에 있느냐? 없으면 어디에 갔느냐?'를 꼭 물어보았으니 말이다.

투자자가 아닌 나도 이런데 남편은 오죽하겠는가. 어떻게 알았는지 남녀공학을 나온 남편의 중학교 동창이라며 연락이 왔다. 합반도 아닌 남녀공학의 여성 동창이 말이다. 그러고는 '누구누구에게 들었다며, 자기가 집을 사고자 하는데 자문을 구한다'고 얼마나 오래 통화를 하던지…. 왜 저걸 다 받아주는가 싶어서 눈살이 찌푸려졌다. 남편의 오지랖은 넓디넓어서 10년 만에 온 연락도 최선을 다한다. 내 눈에는 말도 안 되는 통화를 30분 넘게 할 때도 있어서, 그럴 때마다 분노가 올라오지만 참는다.

타고나기에 우리 둘 다 말하는 것을 좋아하고, 남에게 애쓰는 것을 좋아한다. 하물며 말하는 것을 얼마나 좋아하는지 입마저도 돌출 입이다. 그런 성향에 더해 '투자'라는 하나의 키워드에 모여든 다양한 직군과 연령대의 사람들과 관계를 맺고 도움을 주고받는다. 그런 관계 중에는 이제는 없을 것이라 생각했던 순수한 우정도 있다. 남편과 좋은 관계를 유지하는 투자자 중에는 나이가 우리 부부보다 10살은 많으시지만, 좋은 간장이라며 늦은 밤 집 앞까지 와서 선물을 주고 가신 분도 있다. 처음에 간장을 받고 너무 얼떨떨했다. 오로지 간장 한 병이었기 때문이다. 하지만 그 간장은 당이 없는 간장으로, 저탄고지 식단으로 관리하는 남편에게 맞춤이었다. 당이 없는 간장을 남편에게 선물하고자 야근을 하고 지나가다 들러 마음을 전해주신 거다. 간장 한 병은 만 원이 채 안 되지만, 그 마음은 돈으로 살 수가 없다.

직군과 연령대가 다양한 투자자들이지만 모두 경제적 자유라는 목적지로 향한다. 그리고 연령도 직업도 상관없이 친구가 되는 것이다. 눈에 뻔히 보이게 단물만 빨아먹으려고 하는 사람도 있지만, 한번 속아주더라도 선의를 가지고 돕는다. 그것이 투자를 오래 하는 방법이라고 생각한다.

그리고 이런 급작스러운 상담 전화가 마냥 싫지만은 않다. 도움을 주고 나면 뿌듯할 때도 있다. 남편과 나는 뻔한 대학에 뻔한 과를 나왔고, 특출하지 않은 평범한 사람이다. 하물며 남편은 정말 중요한 시험을 치르는 날에 아무도 시험 보러 오라고 이야기하지 않아서 시험을 치지 못했던 경우도 있었다고 한다. 남편이 시험에서 좋은 성과를 얻을 거라고 아무도 기대하지 않았기에 가능한 일이었다. 그 사실을 뒤늦게 알게 된 남편은 너무 분해서 집에서 펑펑 울었다고 한다. 그런 남편이 이제는 학과 동기 중 가장 돈을 많이 번 사람이 되었다. 나 역시 결혼 전부터 알고 지낸 지인들에게 '인생 역전'한 사람으로 불린다.

이렇게 부러움과 시샘을 담은 시선을 내심 즐길 때도 있지만, 단점도 있다. 첫 번째로는 사람들의 기대와 과대평가에 대해 만족시켜 줘야 한다는 부담감을 갖게 되는 거다. 부담은 무엇이든 이 사람에게 도움을 줘야 할 거 같다는 책임감과 실패하면 안 된다는 강박, 두 가지 형태로 나타난다. 사실 우리는 평범한 학교에서 평범한 학과에 다니던 그 시절과 다르지 않다. 그 당시 같이 공부하던 동기들은 전공을 살려 취직할 궁리를 했고, 우리는 분야를 달리하여 남들과 같은 노력을 한 것이다.

이제 친구들 나이가 결혼할 시기가 되고 신혼집을 구매하는 지인들이 많아지자, 경조사로 연락을 해오면서 꼭 남편과 직접 이야기를 나누거나 나를 통해 남편과 신혼집에 대하여 의논하고자 하는 경우가 많다. 혹은 남편처럼 부동산 재테크를 하고 싶어서 상담 겸 식사를 같이 하는 경우가 있다. 그럴 때는 꼭 무언가 바라는 것이 느껴지니 관계가 부담스러워지고, 말 한마디 한마디가 조심스러워진다. 이는 우리 부부가 하는 말에 책임감을 가지게 되기 때문인데, 이게 기묘한 책임감이 되어 우리가 남들의 고민을 대신해줘야 하는 경우가 되기도 한다.

두 번째로는 의도하지 않았지만 따지고 보면 하는 말이 족족 자랑이 되어버려서 뭐든 우리가 사야 한다. 기쁜 일이 생겨서 축하를 받으러 나가는 자리에서도 식사값은 정작 우리가 내야 하는 아이러니한 상황이 생긴다. 이런 상황이 계속되니 어느 순간 내 이야기를 들어주는 대가를 지불하는 것과 같다고 여겨져서, 만남이 부담스러워지고 사람들에게 실망을 하게 되는 경우가 종종 생겨버린다. 아마도 이건 우리가 자초한 거 같아서 지금은 조금 다르게 관계에 임한다. 하지만 자랑을 하는 것에는 그만큼의 대가가 따른다는 것을 우리 부부는 일찍 알아버렸다. 사람들과 그저 인간 대 인간으로 편하게 만나고 싶다는 생각이 많이 든다. 그래서 이제 우리 부부는 남편이 하는 일에 대해서 숨기지도 않지만, 그렇다고 말하고 다니지도 않는다.

세 번째로는 새로운 관계가 생기기도 하지만 인연이 끊어지는 경우도 생긴다는 거다. 부러워하는 사람은 재테크를 어떻게 하냐며 도움을 요청한다. 시샘을 하는 사람은 재테크를 하긴 하는데, 여러 가지 다양한 이유로 "부동산은 하면 안 된다"고 말하며 비트코인을 한다. 그리고 부동산 투자를 하는 남편을 되레 걱정해준다.

나 또한 10년이 넘는 동안 우정을 나눈 친구와 얼마 전 인연을 놓게 되었다. 둘 다 비슷한 시기에 결혼을 했고, 친구는 경매로 지방 구축 아파트에 투자했다. 우리도 그 지역 아파트에 투자해서 매수할 때 그 지역에 대해 많은 이야기를 나눴는데, 친구는 어디 아파트를 샀는지 끝내 말해주지 않았다. 당시에는 친구가 숨기는 거 같은 느낌이 들어서 이상하다고 생각했지만 거기서 더 이상 알려고 하지 않았다. 시간이 흐르고 친구가 "그 지역 아파트를 매도할 때 꼭 알려달라"고 부탁을 해왔다. 그래서 "지역이 같다고 매도 타이밍이 다 같지 않다. 남편에게 분석을 부탁할 터이니 어디 아파트냐"고 물었고, "부끄러워서 말할 수 없다"라는 답변을 들었다. 아마 부끄러운 것이 아니라 자존심이 상해서일 것이다.

친구와는 대학 시절 같은 기숙사 방에 살면서 볼 거 안 볼 거 다 본 사이였는데, 그 말을 들으니 맥이 풀렸다. 우리 매도 타이밍을 가르쳐 줄 수는 있다. 하지만 나에게 계속 정보만 요구하는 친구의 모습에서 '무엇이든 이야기하며 울고 웃던 그 시절이 막을 내렸구나'하는 생각이 들어 서글펐다. 그리고 답장을 하지 않았는데, 친구도 그 이후 다시 연락을 하지 않았다.

이런 이유로 부동산 이야기를 하지 않는 관계를 만들려고 노력하는데 쉽지가 않다. 우리 둘 다 간접적이든 직접적이든 재테크와 레버리지라는 분야에 집중했던 시기가 있었고, 지금까지 결과가 좋았다고 생각한다. 그래서 사람들과 조금만 마음이 닿게 되면 이 좋은 것들을 나누고 싶다는 생각에 전파하게 된다. 다른 사람의 일을 같이 고민한다는 것은 시간을 할애할 수밖에 없고, 유한한 시간을 나눠 쓰며 시간을 소모하는 것이기에 어찌 되었든 가족들에게 피해가 간다. 그래서 투자자들 중에는 이혼을 하는 투자자도 있다고 한다. 이건 일에만 몰두하는 모든 업태에서 겪게 되는 사례이기도 하다. 이런 사이클이 계속되니 감정 소모가 심해지고, 사람들을 만나는 것에 피로감을 많이 느끼게 된다.

부동산 이야기로 공감대를 형성하지만, 상대의 성공을 진심으로 기뻐하며 순수하게 서로 위해주는 관계가 과연 있을까? 가끔 의문을 가지게 된다. 그런 관계는 부모와 자식, 부부 사이 정도 외에는 생각하기 힘들 것 같다. 남편이라는 최고의 친구를 얻은 대신 따라온 부작용이다.

오지랖의 비극

남편은 타고나기에 긍정적인 마인드를 가졌다. 그리고 손해 보더라도 또는 한번 속아 넘어가더라도 감내해야 한다고 생각할 때는 손익을 따지지 않는 사람이다. 남한테 손해 주는 것도 손해 받는 것도 딱 질색인 나에게 남편은 다 알고 있지만 티 내지 않는 사람으로 보일 때도 있다. 가끔은 속을 알 수 없는 아주 무서운 사람같이 느껴진다.

아무튼 그러다 보니 남편은 재테크라는 것에 눈을 뜨고 난 후, 이좋은 것을 안 하는 혈연과 지인에게 소위 '밥을 떠서 입에다 넣어주는' 행위를 하기 시작한다. 특히 투자 외길에서 진짜 믿을 수 있는 사람과 '같이'하고 싶은 마음에 친구들에게 아파트를 골라주기도 하고, 투자 공부를 하는 오프라인 모임을 소개해주는 등 친구들을 끌어들이게 된다. 미리 말하지만 결말은 비극이다.

남편은 어릴 적부터 가장 친하게 지내는 친구 3명이 있다. 남편은 서울에서 직장을 다니던 한 친구에게 부동산 공부하는 법을 가르쳐 준다. 첫아이를 낳기 전, 배가 만삭으로 불러서 숨쉬기가 힘들어지는 바람에 남편이 산소호흡기를 사줬다. 침대에 옆으로 누워 숨을 가쁘게 쉬곤 했는데, 남편은 그런 나를 두고 그 친구와 밤새 통화하며 앞으로의 부동산 시세 그리고 남편이 알고 있는 지식을 나눠 가졌다. 남편이 나에게 얻지 못하는 것을 친구에게서라도 얻고자 하는 모습에 마음이 짠했고, 얼굴만 두어 번 본 게 다여서 난 그 친구가 어떤 사람인지 모르지만 남편과 서로 잘되면 기쁨도 더 커질 것이기에 서운한 마음이 들어도 꾹 참았다.

그 친구는 의욕이 남달랐다. 서울에서 거주 중인데 지방으로 교육을 들으러 오는가 하면, 남편이 어떤 지역에 대해서 조사 해오라는 숙제를 내도 기분 나빠하지 않고 성실히 준비하여 남편의 기대에 충실히 응답했다. 내 눈에도 그 친구가 기특해 보였다. 그러던 와중에 사건이 생겼다.

남편과 친구는 같은 오프라인 수업을 들었다. 그 수업은 4주 동안 진행됐는데, 수강생들이 몇 명씩 조를 이루어 강사님이 내어준 과제를 같이 또는 개인이 수행해 점수를 부여받는다. 그리고 마지막 주에는 과제 점수가 높은 몇몇이 대표로 지역을 정해 발표하며 마무리되는 커리큘럼의 강의였다. 남편과 친구는 자연스레 같은 조가 되었다.

남편은 다른 강의도 경험이 있었고, 실제로 투자를 전업 삼아 했기 때문에 그 스터디에서 불세출의 수강생이었다. 그래서 조원들과 따로 모임을 가지며 강사님이 내준 숙제 외에도 다른 아파트를 분석하곤 했다. 그러면서 점점 조원들과의 사이가 가까워졌는데, 남편은 자신의 노하우와 데이터 분석법을 조원들에게 아낌없이 공개했다. 같은 조원들 모두 남편을 멘토 삼아 고마움을 느꼈고, 사이는 더 끈끈해졌다. 남편은 그렇게 느꼈다.

그렇게 마지막 주가 되었다. 마지막 강의에서 남편의 친구가 발표하게 되었는데, 친구는 남편의 노하우와 데이터 분석법을 자기의 이론인 것처럼 발표했다. 강사님에게 큰 칭찬을 받은 친구는 의기양양한 표정으로 발표 후 자신의 자리로 돌아갔다. 발표가 끝날 때까지 남편은 자기가 무슨 이야기를 들었는지 어안이 벙벙했다. 조원에게만 공개한 남편만의 이론은 이제 수강생 모두의 것이 된 것이다. 투자자로 유명한 강사님에게 인정받고 싶고 가까워지고 싶어한 친구 때문에 말이다.

조원 중 한 사람은 남편에게 슬며시 다가와 "서로 합의가 되어 발표한거냐"고 물었다. 남편은 그제야 정신을 차리며 괜스레 "그렇다"며 웃어 보였지만, 전혀 괜찮지 않았다. 같은 조원들은 남편의 눈치를 보며 어쩔 줄 몰라 하였는데, 남편은 그래도 친구에게 일절 아무 말도 하지 않았다. 친구는 모든 사람들에게 인정을 받고 기분이 좋아졌는지 조원들에게 밥을 거하게 사겠다고 의기양양하게 말했다. 평소 식단관리를 하는 남편은 밖의 음식을 먹지 않는다. 임장을 가더라도 도시락을 싸가는 사람인데, 이날은 억지로라도 꾸역꾸역 먹었다. 그것 외에는 할 수 있는 응징이 없었다.

마음 약한 남편은 이 얕은 배신으로 인하여 '모든 사람이 이런 건지, 이 사람만 이런 건지' 생각에 사로잡혀 며칠을 끙끙 앓게 된다. 그래도 '이 사람만'이라고 자기 합리화를 하기까지 남편과 나는 아침에 눈만 뜨면 아이를 안고 거친 파도가 치는 바다로 출근 도장을 찍을 정도로 괴로워했다. 파도가 세차게 칠수록 남편은 멍하니 바다를 바라보곤 했는데, 그 모습을 보고 있자니 너무 화가 났다. 나는 그 친구의 비열함에 대해 일장연설을 한 후, "앞으로 친구가 전화해서 부동산에 대해 물어보면 퉁명스럽게 대해라!"라고 신신당부했다. 그 친구는 '그런 사람'이라는 꼬리표가 붙었고, 남편은 그가 부동산에 대해 김이 빠질 때까지 예전만큼 열렬히 응대하지 않았다.

그러던 중 남편이 친구들에게 골라준 아파트의 가격은 잘만 오르고 있었다. 친구들은 오를 것이 분명하다 확신하는 아파트를 남편에게 권유받아 매수하게 된다. 같이 코흘리개 시절부터 봐 온 친구들은 처음에는 "네가 무슨 투자냐"며 별생각이 없었다. 그러다 남편이 투자한 아파트의 내역과 예상 수익률을 보고 남편에 대한 시선이 달라지는데, 이때 어릴 때부터 친한 친구 3명 중 2명이 아파트를 매수하게 된다. 남편도 정말 자신이 있으니 소개한 것은 물론이고, 남편보다 더 좋은 로열동과 로열층으로 매수를 한 친구도 있었다. 친구들이 계약부터 잔금까지 부동산에 가는 날마다 자기 일인 것처럼 같이 가주는 등 남편은 최선을 다했다.

그 아파트의 가격이 차곡차곡 올라서 실거래가로 1억 넘게 오를 때쯤 남편의 생일이 다가왔다. 보통 생일에 5만 원 이하의 선물을 서로 주고받는 게 친구들 간에 통상적인 관례였다. 얕은 배신을 했던 친구가 보낸 선물이 왔다. 그는 서울에 살고 있었기에 카카오톡으로 보내준 선물은 산양삼이었다. 남편의 건강을 생각해 보냈다며 생일을 축하해주는 마음 씀씀이에 남편은 얕은 배신으로 입었던 상처가 아물어 마음이 열리기 일보 직전이었다.

택배가 왔다. 산양삼이 온다는 이야기를 미리 언질 받지 못했던 나는 아무 생각 없이 택배를 뜯었다. 검은색의 반짝반짝 윤기가 나는 박스가 보였다. 박스를 열자 그 안에는 푹신한 이끼가 이불처럼 층층이 덮여있었다. '삼'이라는 것을 본 적도 없던 나는 촉촉한 이끼 따위를 걷어내었지만 '본론'이 안 나와 고개를 갸우뚱하며 계속 뒤지고 있었다. 그리고 이끼 같은 산양삼을 겨우 찾아냈다. 처음에는 이끼의 뿌리인 줄 알았다. 내가 일반적으로 알고 있는 이미지와는 전혀 다른, 겨우 싹을 틔운 것을 보자마자 냅름 뽑은 것처럼 새싹 같은 '산양삼'이었다.

그것을 보고 더 이상 참을 수가 없었다. 화가 나서 남편에게 그 친구가 한 만행을 보라며 득달같이 화를 냈다. 내가 보기에 이것은 선물이 아니라 단지 '이끼'를 준 것과 같았다. 이끼를 박스에 가득 채워서 보냈으니 당연히 쓰레기다. 남편은 박스를 보고는 눈만 뻐끔거렸다. 이끼 사이에서 겨우 찾은 산양삼을 보라며 남편 앞에 내밀었다. 재빨리 옆에서 가격을 검색해보고 2만 원도 안 되는 산양삼이라며 비아냥대던 나를 보고 남편은 그제야 '이건 아니지' 하고 인지했다.

분명 남편은 선의였다. 선의라는 것은 손익을 따지는 것이 아니다. 맹세코 무언가 바라고 한 것은 아니었는데, 선의가 더럽혀졌다. 차라리 이 선의는 생일 축하한다는 진심 어린 전화 한 통이었다면 환하게 빛이 났을 것이다. 그날 이후 남편은 친구들과 부동산에 대해서 일절 같이 고민하지 않았다. 그렇게 친구들이 아파트를 매도할 시점이 다가오고 있었다. 매도 시점이 다가오면 전화가 빈번할 줄 알았는데, 다른 양상을 보이기 시작하였다. 살 때는 하루가 다르게 전화해서 이것저것 물어보며 부동산 공부에 열을 올리더니, 팔 때는 연락 한 통 없이 매도하였다. 다른 한 친구는 비트코인으로 자기가 얼마 벌었다며 남편에게 의기양양 자랑을 늘어놓았는데, 아파트 살 때 들어간 목돈으로 비트코인을 샀으면 어마어마한 돈을 벌었을 거라며 아쉬워했다. 그러면서도 나가서는 다른 사람들에게 자기가 부동산에 대해 공부해서 투자했다고 자랑하고 다녔다.

남편 친구들의 모습을 옆에서 바라보는 나는 억장이 무너졌다. 물에 빠진 놈 건져놓았더니 보따리 내놓으라는 것과 다를 것이 없다.

한번은 지인의 딸이 수능시험을 망쳤다고 몇 날 며칠 식음을 전폐하고 있다는 소식을 들었다. 그 아이를 만나 공부가 인생의 전부가 아니라는 대화를 한 시간가량 나누었다. 다음 날, 지인은 고맙다며 프리미엄 주방세제를 가지고 왔다. 아이들 젖병 씻을 때 좋다며 나에게 안겨주고 갔다. 집에 주방세제가 없어서 그런 것이 아니다. 한 시간이면 낮잠을 자도 부족하다고 여기는 짧은 시간인데, 시간을 내어준 것에 대하여 고마워하는 지인의 마음새에 내가 더 고마웠다.

지나칠 수도 있는 사람들에게 베푼 선의는 이렇게 고마움으로 돌아오는데, 20년도 넘는 세월을 함께해온 친구들은 정작 남편을 탓하기까지 하는 상황까지 치닫자 남편에게 친구들과 더 이상 어울리지 말라고 으름장을 놓았다. 유치하지만 상처받아 괴로워하는 남편을 그냥 둘 수 없었다.

남편은 친구들도 각자의 삶이 있는 개인이며, 이제 다시는 다 같이 문방구를 전전하던 시절로 돌아갈 수 없음을, 추억은 추억일 뿐이라는 것을 깨닫게 된다. 그것은 오로지 남편 몫의 상처로 남았다. 그러나 남편은 다시 상처를 입게 될 것이고, 남편의 오지랖은 비극으로 치달을 것이다. 왜냐하면 남편은 친구들이 다시 부동산 투자할 때 아파트를 골라달라고 부탁한다면 부탁을 들어줄 것이기 때문이다. 친구가 자존심을 굽히고 부탁한 것을 알기에, 남편은 친구의 손을 놔버릴 수가 없다고 한다.

상처를 다독여 아물게 하는 것이 아니라, 많은 상처가 굳은살이 되어 내성이 생기는 수밖에 없다. 벗어날 수 없는 우정이라는 굴레에서 남편은 혼자 고군분투 중이다.

혼자 하는 육아는 힘들어

백범 김구 선생님의 소망은 하나도 통일이요, 둘도 통일이다. 우리 남편의 소망은 하나는 집 밖으로 나가는 것이요, 둘은 현금 흐름을 만드는 것이다. 남편의 소망 중에 절반은 이루어진다. 바로 집 밖으로 나가는 것이다.

둘째가 100일이 되는 시점에 남편은 개인 사무실을 얻었다. 표면적인 이유는 서재에서 집중하여 데이터 분석을 하기에는 다소 산만한 경향이 있기 때문이다. 그동안은 베이비시터님들이 오시는 시간에 카페에 가서 일을 하곤 했는데, 그럴 바에는 사무실을 얻어서 하는 것이 돈도 절약되고 집중할 수 있지 않겠냐 해서 얻게 되었다. 표면적인 이유야 그렇지만 부부간의 속내를 따져본다면 남편이 개인 사무실을 얻게 되는 과정은 짠 내 나는 눈물과 역경의 대서사시였다.

전업 투자자로 전향하는 시기와 첫아이를 출산하는 시기가 겹쳤기 때문에, 남편은 집에 많은 시간을 할애할 수밖에 없었다. 남편도 육아와 가사를 열심히 했다. 그러나 모든 아내들이 남편의 육아와 가사가 성에 차지 않을 것이다. 이 말은 나에게도 해당되는 말이다. 남편도 양보를 많이 해야 했지만, 나도 감내해야 하는 부분이 많았다. 그렇다고 밖에 나간다는 걸 나가지 말라고 한 적은 단 한 번도 없었다. 단지 인상을 쓰면서 가라고 했을 뿐이다.

대서사시의 시작은 첫째를 낳고부터였다. 남편은 전업 투자자가 되면서 부동산 공부를 같이 하는 사람들과 많은 교류를 가질 때였고, 자기만의 투자 기준을 성립하는 단계였다. 그랬기에 집에서 아기만 보고 있으라고 강요하는 것은 '투자고 나발이고 집에서 손가락 빨면서 다 죽자'인 것이었다. 그래서 남편은 전업인 만큼 더욱더 규칙적인 생활과 몰두할 수 있는 시간을 가지고 싶어 했다.

출산 후 나는 완전히 달라진 몸매와 출산 탈모로 우수수 빠지는 머리카락을 바라보며 자존감이 와르르 무너지게 되는데, 후에 알았지만 산후 우울증이었다. 나는 도움이 되든 안 되든 그냥 남편이 내 옆에 있기만을 원했지만, 남편은 전업이 되고 조급함과 불안에 짓눌려 집에서는 전혀 집중하지 못했다. 그러나 남편이 카페에서 향긋한 커피와 함께 자기가 하고 싶어 하는 일을 한다는 것만으로도 나는 더 미칠 것 같았다.

아이를 키운다는 것은 강아지를 키우는 것과는 전혀 다르다. 아이를 돌볼 때는 하루하루 최선을 다해서 내 감정과 노동력을 완전히 쏟아야 한다. 아이를 사람으로 만드는 것이다. 내 기준에 필요하다고 여겨진다면 물불 가리지 않고 아이들에게 영혼을 갈아서 다 내주었다. 8개월 동안 나보다는 아이를 위해 살다 보니, 나도 하고 싶은 것이 많다는 것을 뼈저리게 알게 되었다. 한번은 대화 중에 시어머님이 "저거 참 좋아 보인다. 우리 며느리가 하면 참 좋을 거 같아" 말씀하셨다. 자연스레 "어머니, 저는 지금 무언가 하고 싶다고 생각하면 안 돼요. 그런 생각을 하면 스스로 너무 힘들어져요"라고 대답이 툭 튀어나왔다. 머릿속으로 생각하지 않고 튀어나온 이 말을 곱씹었다. 그날 밤은 잠을 청하면서 처량한 생각에 눈시울이 붉어졌다.

그러다 보니 산후 우울증은 걷잡을 수 없이 치닫게 되었고, 아이에게만 소리를 지르지 않았을 뿐 남편에게는 매일 소리를 질렀다. 이러다가는 정말 큰일 나겠다고 생각했는지 남편은 나와 큰애를 데리고 집이라는 현실을 떠나 바로 친정이 있는 제주로 향하였다. 그렇게 두 달의 제주살이를 하게 되었는데 장소가 바뀌니 마음이 한결 가벼워지기 시작했다. 아이가 낮잠 자는 시간에 맞춰 매일 오전 바다를 따라 1시간씩 드라이브를 했다. 그 시간에는 남편과 이야기를 할 수도 있었고, 바다를 바라보면서 조용히 생각에 빠지는 것도 할 수 있었다.

그때 남편과 아무 말도 하지 않고 팟캐스트를 많이 들었는데 그중 재테크에 관련된 팟캐스트를 많이 들었다. 아무리 멀리 임장을 가서 늦은 밤 집에 지친 발걸음으로 귀가를 해도 자기를 기다려준 가족들에게 고마움을 표현한다는 투자자 이야기가 흘러나왔다. 그 팟캐스트를 듣고 우리 부부는 전환점을 가지게 된다. 투자의 목적에 대해 기준이 명확해진 것이다. 돈을 벌기 위해서 투자한다. 그 돈은 다시 재투자를 위해서 버는 것이 아니라, 가족들을 위해서 버는 것이다.

한 통계자료에서 우리나라가 재테크에 눈뜬 시기가 그리 오래되지 않아서, 살면서 가장 우선순위로 여기는 것이 '돈'이라고 나온 결과가 있었다. 다른 나라는 가장 중요하게 여기는 것이 '가족'이 대부분이었던 점을 생각해보면 적잖이 충격적인 결과였다.

그리하여 그날 이후 남편은 와이프가 힘든 것이 싫다며 베이비시터님을 고용하자고 끈질기게 나를 설득했다. 나는 8개월 동안 어떻게든 품어왔던 귀한 아이를 누군가에게 맡기는 것이 왠지 꺼림칙해서 절대 사양했다. 하지만 남편의 설득으로 두 달 제주살이가 끝나고 집으로 오자마자 베이비시터님이 오셨다. 하루에 4시간, 짧으면 짧고 길면 긴 시간이다. 그 시간 동안 남편은 한적한 카페에 가서 집중이라는 것을 하고 온다. 나는 처음엔 '4시간 동안 잠만 자야지' 생각했는데, 그게 잘 안 됐다. 첫 번째로 베이비시터님을 완벽히 믿지 못해서였고, 두 번째는 쉴 때는 무엇을 해야 하는지 잊어버렸기 때문이다. 그러나 연년생으로 둘째를 임신 중이었기에 '누군가의 도움을 받아도 된다'는 생각으로 스스로 다독이다 보니 산후 우울증을 차츰 벗어날 수 있었다. 나를 위해주는 남편에게 고마웠고, 자연스레 남편과 사이도 회복되기 시작했다.

문제는 연년생으로 둘째가 태어나고 정부에서 지원해주는 산후도우미 기간이 다 끝나갈 때 다시 시작됐다. 남편은 베이비시터님 두 분이 모두 오는 시간에 해야 할 '일'을 하였다. 일은 보통 집의 서재나 카페에서 했는데, 남편은 '일'을 '집중'해서 하고 싶어 했다. 그러려면 전업이라는 직장에 '출근'이라는 것이 필요했다. 남편의 마음은 알겠으나 당장 자신이 없었다. 정부에서 지원해주는 산후도우미님의 기간이 끝나면 베이비시터님이 한 분은 오겠지만, 한 아이는 24시간 동안 무조건 내가 돌봐야만 했다. 혼자서 첫째를 붙들고 있다가 산후 우울증을 겪었기에, 다시 그렇게 될까 봐 무서웠다. 그리고 나에게도 자유시간을 보장해주다가 뺏어간다는 것이 서운했다.

이때부터 하루가 멀다하고 남편과 언쟁을 하게 되었다. 한 명은 '부모로서 누군가는 경제적인 부분을 담당해야 한다면, 나머지 한 사람은 아이들을 돌봐야 한다'는 게 요지였고, 한 명은 '남들처럼 출근하고 살 거면, 남들처럼 지지고 볶고 살아야 할 것이니 그렇게 해 봐라'라는 게 요지였다. 마침 2021년 추석 기점으로 매도 타이밍을 보던 아파트가 2022년 3월 전으로 매도 기간이 늘어나면서 자금 회전이 안 되어 힘들던 참이었다. 우리는 나란히 앉기만 하면 싸워댔다.

남편은 결단을 내렸다. "베이비시터님을 두 분 모시자." 그 말의 파급력은 컸다. 처음에는 아이들을 돌봐주시는 베이비시터님이 두 분이나 오니 왠지 시부모님 보기가 부끄러웠고, 비용 부분에서도 부담되었다. 그러나 마음을 고쳐먹었다. 만원 정도인 베이비시터님의 시급보다 큰 부가가치를 낼 수 있다면, 어린이집에 가는 아이와 눈물의 이별을 하지 않을 수 있다면 비용이 아깝지 않다고 말이다.

물론 부가가치를 어떻게 낼 건가 하는 부분에서 고민이 됐다. 그러나 못한다고 단정 짓는 것이 아니라, 우리는 일단 시도해보기로 했다. 즉 '못 먹어도 고', 시도하고 깨져보고 다시 시도하기로 말이다. 비용을 들여 시도할 수 있는 기회와 시간을 얻은 것이다.

이런 일련의 과정을 보내고 남편은 첫 번째 소망인 사무실을 얻게 되었고, 나는 자유시간을 지킬 수 있었다. 사무실이라고 해봤자 우리 집 서재보다 못하다. 10평 남짓 공간에 책상 두 개가 전부다. 남편은 돈을 버는 목적인 '가족'에 대해 다시 한번 생각한 뒤 행동했고, 나의 편이 되어 주었다. 나도 내 인생의 가장 힘든 시기에 손을 잡고 같이 가자고 한 남편에게 꼭 보답할 거라고 생각했다. 이 갈등은 서로를 더 보듬어주는 계기가 되었고, 그 마음이 고마울수록 베이비시터님이 만들어주신 소중한 시간을 헛되이 보내지 말자고 결심했다.

이런 고민을 하게 된 '돈'이라는 현실을 타파하고, '현금 흐름'이라는 남편의 두 번째의 소망을 이루기 위해 궁리를 시작했다. 그리고 스

전업 부동산 투자자의 가족으로 산다는 것

마트 스토어에 도전하기로 결론을 내렸다. 실패할지도 모른다. 스마트 스토어는 지금 진입하기에는 다소 늦었다고들 한다. 그러나 우리는 일단 시도해볼 것이다. 행동해보지 않고 현실이 바뀌길 바라는 것은 아무 의미 없는 일이기 때문이다.

흐르는 시간을 남들과 다르게 바라보고 난 뒤, 우리 가족 모두가 행복해질 수 있는 기회를 잡을 수 있었다. 결국 서로가 원하는 것을 얻게 되었고 부부 사이는 견고해진다. 나도 아이들과 남편을 위해서라도 성공하고 말 것이다.

외로운 남편이다

육아의 마무리는 아이들을 재우는 것이다. 다 재우고 나면 항상 맥이 풀려서 널브러져 있을 때가 많지만, 그래도 한 번씩 거실에서 바라보는 창밖 풍경에 설렐 때가 있다. 그럴 때는 짙은 밤공기를 마시고 싶어서 남편에게 "이제 뭐 할 거야?"라고 은근히 물어본다. 남편은 내 마음도 모르고 부동산 투자자들 모임 하는 날이라며 오징어 한 마리를 구워서는 서재로 들어가곤 한다. 평일 밤 9시에 시작했는데 새벽 2시에야 힘들다며 서재에서 나오는 것을 보면 저절로 인상이 찌푸려지지만 입은 굳게 다문다.

남편은 부동산 투자자 모임을 많이 하는 편은 아니다. 체력적으로 힘에 부치기 때문이다. 그래도 4~5개 정도의 단톡방이 있고, 코로나로 인해 영상으로 주기적으로 모여 이야기 나누는 모임은 2개이다.

전업 부동산 투자자의 가족으로 산다는 것

남편은 전업이지만 다른 사람들은 직장과 병행하여 투자를 하기 때문에 평일, 그것도 늦은 밤에 모여 최소 3시간은 이야기를 나눈다. 그 얘기를 한 번씩 엿들을 때가 있다. 남편은 영상회의를 통해서 지역의 전망과 아파트의 가치를 논한다고 한다. 하지만 아이들을 재우고 남편이랑 오붓한 시간을 보내고자 할 때 정말 걸리적거릴 뿐 아니라, 가끔 귀동냥하다 보면 대화의 80~90%가 서로 자랑하고 추켜세우다 끝나는 거 같이 보이기도 한다.

이야기는 길지만 함축하면 "이렇게 해서 얼마를 벌었다"든지 "이렇게 해서 그걸 매수했는데 지금은 이만큼 올라 있다"를 말하고 있다. 사촌이 땅을 사도 배가 아프다는데 누구에게 이런 이야기를 편하게 할까? 남들에게는 공감받지 못하는 이야기를 서로서로 마음껏 뽐내고 축하받을 수 있다는데 얼마나 즐겁겠는가. 남편이 파김치가 되어 서재에 들어가도 모임을 할 때는 방금 무친 겉절이처럼 얼마나 아삭하고 싱싱해지는지, 투자자들만이 느낄 수 있는 즐거움을 자기들끼리 공유하는 것 같아 내심 섭섭하다.

못마땅하지만 적어도 한 달에 3~4번은 투자자 모임으로 인한 늦은 저녁 남편의 부재를 허용해야 한다. 이유는 단 하나이다. '내가 잘하고 있는건가?'라는 불안이 엄습하는 외로운 투자 외길에서 남편이 확신과 위안을 얻었으면 하는 마음이기 때문이다. 남편은 자기만의 투자 기준을 정립하지만, 그것과 별개로 스트레스 받을 일이 참 많다.

투자한 아파트가 1~2개면 부동산 소장님이 잔금까지의 스케줄 관리와 매도, 매수자의 중개를 해주기 때문에 선택지에서 선택만 잘하면 된다. 그러나 이게 몸집이 커지게 되면 변수가 많아진다.

예를 들어, 매수할 때는 전세 매물도 없고 소장님의 확언에 전세 걱정 없겠다 싶었다. 그런데 잔금 날까지 전세가 구해지지 않았다. 전세와 매매가의 갭 차이가 얼마 나지 않은 아파트였는데, 부동산 소장님에게 중개비를 많이 드릴 테니 세입자를 구해달라고 거듭 부탁해도 잔금까지 세입자를 구할 수 없었다. 우리는 엉덩이에 불붙은 망아지처럼 서둘러 주택담보대출을 받았는데, 처음 진입할 때 생각했던 매매와 전세의 갭 차이보다 자본금이 더 많이 들어가야 했다. 만약 남편이 이런 상황을 대비하지 않았다면 우리는 계약금을 날리는 대참사를 겪게 되었을지도 모른다.

남편은 잔금까지 큰 압박감을 받았으나 자금을 잘 융통했다. 그러나 우습게도 대출을 실행하고 약 보름 후 전세 계약을 한다. 전세 계약을 했으니 이래저래 똑같다고 생각할 수 있지만, 몇백만 원의 중도상환 수수료를 토해내야 하니 속이 쓰리다. 이런 일이 종종 일어나기 때문에 계약 후 잔금까지 극심한 스트레스를 받아 잔금을 치르고 나면 몸과 마음이 축난다.

남편은 팬티도 기워 입으며 20리터 쓰레기봉투가 600원이나 한다는 사실에 경악을 금치 못하는, 나름 세심하고 그릇이 작은 사람이다.

그런데 나가서 보이는 모습은 셈이 빠르고 여유로운 몸짓과 신뢰를 불러일으키는 목소리로 좌중을 휘어잡는다. 종종 재테크 강의를 하는 남편이 수강생들에게 보이는 모습이란 큰돈을 가지고 노는 젊고 대범한 맹수와 다르지 않다. 실상은 어디 가서 물건이라도 구매할 때 서비스를 강력하게 요구하는 내 뒤에서 아무 말 하지 않고 속으로 응원하는 남편이지만 말이다.

한 투자자와의 식사 자리가 있었다. 남편이 잠시 자리를 비웠을 때, 투자자는 "혹시 남편분도 투자하고 불안해하시나요?" 질문을 해 왔다. 그 말을 듣고 당연한 이야기를 왜 물어보는가 싶어서 순간 별별 생각이 다 들었다. 그러나 태연하게 "당연히 불안해하죠"라고 대답했더니, 돌아오는 대답은 "저만 그런 줄 알았어요"였다.

그 말을 듣고 나니 투자자 모임에서 투자자들이 "이러이러해서 이렇게 투자했고, 이러이러해질 것으로 생각합니다"라고 말하는 것은 자신의 선택에 대해 남뿐 아니라 자기 자신을 설득하는 것이 아닐까 생각됐다. 투자자 모임에서 "이러이러해서 이렇게 투자를 했는데, 잘못될까 봐 걱정이 많이 됩니다"라고는 아무도 말하지 않나 보다. 남편도 불안해하냐며 물어봤던 그 투자자는 2020년 한 해에만 재개발로 몇십억을 번 것으로 예상된다. 그렇게 벌고도 두려운 것이다.

우리 부부는 최소한 한 번은 절체절명의 난관을 만나거나 실패를 맛볼 것이다. 그것을 알고 있기에 언제 올지 모르는 난관을 남편은 두

려워한다. 두렵지만 곁에는 이끌어줄 직장 상사도, 미래를 꿰뚫어 보는 점쟁이도 없다. 그저 혼자다.

처음 투자한 아파트를 매도할 때, 남편은 그 아파트가 더 오를 거라고 생각했다. 그러나 남편보다 투자도 오래 하고 부동산 내공이 뛰어난 분의 "이제 파는 게 맞는 거 같아요"라는 말 한마디를 최우선으로 신뢰해서 그 말에 따라 매도했다. 그러나 아파트는 중도금을 받자마자 호가가 급격히 상승하더니, 잔금을 치를 시점에는 남편이 예상하던 금액보다 더 많이 오르는 기이한 일이 생겼다. 중도금을 받으면 계약을 취소할 수 없는데, 그때 중도금을 조금이라도 걸겠다던 똑똑한 매수자는 잘살고 있는지 궁금하다. 아무 생각 없이 받은 중도금으로 남편은 돈을 벌었음에도 온 가족의 눈치를 봐야 했다. 나 또한 처음으로 사촌이 땅을 사면 배가 아프다는 것이 헛된 말이 아니었음을 절실히 깨닫게 된다.

객관적으로는 돈을 번 거지만 주관적으로는 손해를 본 것 같은 마음에, 조언을 해줬다는 그분을 남편은 모르겠지만 나는 하염없이 씹었다. 이 일을 계기로 우리는 매수에 대해서는 조언할지는 몰라도, 매도에 대해서는 일절 말하지 않게 된다. 왜냐하면 잘되면 옆에서 누가 코치를 해줘도 선택을 잘한 자신의 현명함에 스스로 감탄하게 되지만, 잘되지 못한다면 누구도 탓할 수 없기 때문이다. 모든 책임은 본인이 지는 것이다. 그렇기에 '매수는 기술이고 매도는 예술'이라는 말이 있는 것처럼, 예술의 경지에 대해서는 훈수하지 않으려 한다.

이렇듯 투자자의 삶에는 경제적 자유로 끌어줄 윗사람도 없고, 내가 책임져주는 아랫사람도 없다. 오로지 본인의 선택에 처자식 포함 가족들의 명줄이 달려있다. 그런 남편이 안쓰럽다. 아무리 "멋지다, 잘하고 있다, 최고"라고 해줘도 나의 칭찬은 입에 발린 말이라며 신용불량자 신세를 면치 못하고 있다. 그래서 남편에게 확신을 줄 수 있는, 부동산에 대해 좀 아는 사람들이 필요하기 때문에 쓸데없어 보이는 남편의 투자자 모임을 적극적으로 찬성한다.

"오늘 모임을 새벽까지 할 거 같아. 해도 돼?" 본인이 몸져눕더라도 힘들다 표하지 않는 남편이 묻는다. 괜히 퉁명스레 "그래"라고 대답한다. 성의 없는 대답이다. 마음에 안 드는 것은 맞기 때문에 숨기지는 못한다. 그래서 남편은 죽었다 깨어나도 알지 못할 것이다. '버텨줘서 고맙고, 너무 잘하고 있어'라는 나의 마음이 "그래"라는 두 글자에 담겨있는 걸 말이다.

부자는 시간의 밀도를 높인다

사회 초년생 때, 회사에 가면 보조배터리를 꼭 챙기는 사람들을 볼 수 있었다. 그리고는 모바일 RPG 게임을 켜놓고 일하는데, 저렇게 켜놓기만 해도 자신의 분신 아바타가 쑥쑥 큰다고 했다. 근무시간에 자식 같은 아바타를 세심하게 돌보는 것을 보면 '일하면서 게임에 목을 메다니 시간이 아깝다'고 생각이 들어 혀를 차곤 했다.

이직 후 대기업이라고 다녔던 회사는 너무 이른 출근과 주말 출근도 불사해야 했다. 넘치는 업무에 혹사당하면서 내 생각은 조금씩 달라졌다. 처음에는 '그래, 다 열심히 일하며 사는 거지' 하며 모두 이렇게 사는가 보다 생각했다. 하물며 전날 회식으로 과음 후 회사에 출근한 뒤 문서 보관실 구석에 쪼그려 자는 직장 상사들의 모습을 보고 '멋있다'라고 생각한 적도 있었다. 죽어도 회사에서 죽겠다는 그 성실함이 프로페셔널하게 보였기 때문이다.

그런데 점점 연차가 쌓이면서 생각이 달라졌다. 누가 시켜서 하든 개인의 장인정신으로 하든 업무에서의 결과물은 전혀 '나의 것'이 아니라는 점이었다. 일에 대해 일정한 성과를 올리면, 그 이상은 내 손을 떠난 선택사항이라고 생각이 들기 시작했다. 이런 생각을 방지하기 위해서 회사에 감시인인 상급 직책들의 인사 고과가 있는 것일 테지만. 아무튼 회사 워크숍을 마치고도 스스로 사무실로 출근하는 내 모습에 지쳐서 퇴사하겠다고 말했더니 상무님이 이렇게 말한다. "자네는 야망이 없나?" 야망은 무슨, 나는 원체 주어진 것에 잘 휩쓸리는 사람이다.

이후 이직한 직장에서는 주식 붐이 일어나서 사무실에 앉아 있는 사람 모두가 바탕화면에 주식을 켜놓고 '주식계'를 했다. 사무실 사람들과 같은 종목을 같이 매수했는데, 주식이 오르면 기쁜 마음에 모여서 밥과 술을 먹었고 주식이 떨어지면 이럴수록 더 단합해야 한다며 모여서 술을 마셨다. 그게 사장님 귀에 들어간 후에는 주식 안 하는 척 최선을 다했지만 말이다.

장난삼아 재미로 하던 나와 달리 꽤나 열심히 투자하는 사람들이 많았다. 주식의 등락과 함께 희로애락을 함께 나눈 사람들은 지금도 주식투자를 하고 있다. 자본의 반의 반토막을 붙잡고, 역전의 한방을 위해 유료로 운영되며 매수와 매도 타이밍을 알려주는 제법 고가의 주식 단체 카카오톡 방을 아직도 전전하고 있다.

남편 역시 직장 생활할 때 회사에 묶여 오로지 회사 일에 모든 에너지를 쏟아 넣어야 하는 환경에 회의감을 많이 느꼈다고 한다. 그래서 이런 현실을 타개하고자 생각의 전환을 많이 하려고 노력했다. 남편은 시간의 질을 높이려고 했다. 그러나 한 시간을 두 시간처럼 쓰고자 노력은 할 수 있었지만, 장소에 대한 제약은 어쩔 수가 없었다. 사실 그 노력이라는 것이 대단하지는 않았다. 남들은 짬짬이 쉴 때, 남편은 '궁리'를 하였고 미래의 '계획'을 했다. 남들이 볼 땐 '정신 팔린 사람'으로 비추어졌다.

낙서처럼 갈겨지는 수많은 물음표에 남편의 대답은 '장소가 사무실이다 보니' 또는 '장소가 공사 현장의 길바닥 위다 보니'라는 핑계와도 같은 결론만이 반복되게 된다. 즉, 작은 노력도 허락하지 않는 '장소'에 위치해서 옴짝달싹할 수 없음에 낙담을 많이 했다. 그때 느낀 회의감은 훗날 남편이 무모하게 보일 정도로 전업이어야만 한다고 주장하게 된 강한 열망의 씨앗이 되었다.

'시간의 질'에 대한 남편의 생각은 나를 돌아보게 했다. 사회생활 시작하고 세금 떼고 처음 받은 월급이 180만 원이다. 이것을 4주간 주5일 근무로 계산하면 하루 일당은 9만 원이다. 시간당 약 만원을 버는 것인데, 맡은 일을 일찍 마치고 남은 시간에 노는 것이 과연 시간을 잘 활용하는 것일까? 처음 갓 입사했을 때라면 당연히 '잘 활용하는 거다'라고 대답했을 것이다. 8시간 근무하여 9만 원을 번 것과 열심히 해서 4시간 일하고 9만 원을 버는 것은 엄연히 다르기 때문이다.

그러나 지금은 전혀 그렇게 생각하지 않는다. 한 시간의 가치를 왜 저 만 원에 한정했단 말인가? 그렇게 생각이 들자 누구에게나 공평하게 흐른다는 시간이 아깝게 되었다. 흘러가는 시간이 아쉬워, 기억이라도 온전히 하고자 가족 앨범 만들기에 열을 올리는 것 또한 같은 맥락이다.

전업을 시작한 남편은 시간과 장소, 이 두 가지에서 해방되나 시간의 질은 좀처럼 깊어지지 않았다. 나 또한 출산 휴가를 얻게 되어 아이 낳기 전 약 두 달 정도 '같이' 평일을 만끽할 수 있었다. 그러나 남편은 의욕이 하늘을 찌른 상태에 단기간에 성과를 보여주고 싶어 이리 뛰고 저리 뛰어다녔다. 옆에서 보는 사람 입장에서는 조급함이 많이 느껴졌다. 나 또한 임신 중 아이에게 태교도 못 해줬는데 이렇게 집에서 멍때리며 시간을 죽이는 것은 낭비라 생각하여 부업에 더 열을 올렸다. 그러나 그렇게 닥쳐오는 일에 최선을 다했지만, 정작 번번이 중요한 것을 놓칠 때가 많았다. "아! 맞다" 하는 말이 빈번해지자, 우리 부부는 문제가 있음을 인지하기 시작한다.

그런 시기에 지인의 일화가 우리의 삶의 자세에 많은 영향을 끼치게 된다. 남편의 지인 중 게임에 열중하는 친구가 있다. 한번은 남편에게 "그 친구 게임에 시간을 너무 많이 쓰는 거 같아, 그렇지 않아?"라고 물었다. 돈도 안 되는 일에 너무 최선을 다하는 친구가 걱정된다는 남편의 말에 '만약 게임으로 돈을 벌 수 있다면 저 시간이 헛된 것이 아니라는 걸까?'라는 생각이 문득 들었다. 이 물음은 '시간이 헛된지 헛되지 않은지의 기준은 무엇인가'라는 생각으로 확장된다.

고민 끝에 우리가 얻은 결론은 시간의 기준은 나이대에 따라 달라진다는 것이다. 20대는 현실을 타파할 궁리를 하는 시간으로, 실패할 권리가 있기에 궁리하고 실행하는 단계이다. 운 좋게 결괏값이 나온다면 이보다 좋을 수 없다.

30대는 20대의 고민 흔적들을 현실에 적용하고 경험을 얻는 단계이다. 이때부터는 결괏값이 성공적이어야 하는 상황들에 놓이게 되고, 실패가 두려워지는 처지가 많이 생기게 된다. 쉽게 말해, 결혼이라는 현실에 놓이게 되는 거다.

우리가 생각하는 40대는 경제적 자유를 위한 돈의 흐름을 시스템화 시켜 우리의 삶을 안정화시키는 단계다. 더군다나 40대에 접어들면 아이들이 커가기 때문에, 실패에 대한 압박감이 더욱더 높아져 새로운 시도에 대해 더 적극적으로 임하기 어렵다는 것도 이미 인지하고 있다. 그래서 30대만의 특권인 경험을 위해 부딪혀 깨지기도 바쁜 시간을 잠깐의 즐거움을 위해 게임으로 할애한다는 것은 시간을 헛되게 보내는 행위라고 생각되는 것이다.

만약 40대가 되어 우리의 경제적 상황이 시스템화가 된다면 친구가 하는 게임을 다르게 바라볼 수도 있을 것이다. 승리감과 즐거움을 주니 기분전환은 되니까 말이다. 그러나 30대인 지금은 하지 않아도 될 일이니, 우리 부부에게는 역시나 시간이 아깝다라는 생각을 갖게 된다.

그렇게 시간의 기준을 잡고 나자 기다렸다는 듯이 우리 부부가 처음 부동산 기초강의를 들었던 강사님이 다이어리를 만들었다며 판매를 시작했다. 다이어리로써 지출하기에는 가격이 제법 부담되는 금액이었지만, 집에만 있는 나까지도 구매하게 되었다. 강사님은 '계획'이라는 것을 강조하였는데, 마침 매번 중요한 것을 잘 잊어먹던 우리에게 필요한 다이어리라고 생각됐기 때문이다.

여기서 변화가 생겼다. 비싼 다이어리를 잘 쓰고 싶었다. 그래서 '시간 관리법'과 '다이어리 활용법'에 대해 유튜브를 검색하게 되었고, 나름 기준도 잡았다. 뻔하고 뻔하지만 손수 기록하여 우선순위를 정한다. 여기서 나름 얻은 팁이라면 '전업'이라는 직장은 돌발상황이 자주 생긴다는 점이다. 그래서 하루에 일을 할 수 있는 시간이 10시간이면 5시간 정도는 여유시간으로 일정을 잡지 않는다. 그래야 조급하게 일정을 마무리하다가 실수하지 않고, 어제 못한 일을 오늘 마무리할 수도 있기 때문이다.

여러 일을 바로 완벽하게 처리할 수 있으면 좋겠으나, 사실 놓치는 일이 종종 발생한다. 그래도 다이어리를 쓰면서 놓치는 것이 무엇인지 알 수 있다는 장점이 생겼다. 그리고 계획대로 안 되면 계획을 수정하여 다음에는 스케줄 관리를 잘할 수 있는 기회가 생긴다. 그래서 계획대로 되지 않더라도 불안감을 가질 필요는 없다. 안 되면 다음에는 되게끔 계획을 수정하면 되기 때문이다.

남편은 처음에는 '시간의 밀도를 올린다'는 것을 남들보다 많은 일을 퇴근이라는 개념 없이 해야 하는 것으로 생각했다. 전업이라는 것이 자기가 노력한 만큼 성과가 보이고, 출퇴근 시간이 정해진 것이 아니니 남편의 마음도 충분히 이해는 간다. 그래서 예전에는 가족들끼리 외식을 가더라도 그 지역에 볼일을 찾아보고, 일이 없으면 그 지역에 사는 지인이라도 만나 안부를 묻고자 했다. 처음에는 따라줬다. 전업이라는 부담감에 그런 거니까. 그러나 이제는 그런 행동이 남편을 망친다는 생각에 절대 허락하지 않는다.

배보다 배꼽이 클 수는 없다. 가족과 보내는 지금 이 순간의 시간도 충분히 소중한데, 부담감이 침범하여 온전히 즐기지 못하는 것이 안쓰럽다. 나 또한 이렇게 책을 쓰거나 다른 무언가 도전할 때는 가족들이 나의 부재를 많이 느끼지 않는 시간에 계획을 하고 실행한다. 계획을 지켜나가는 것에 강박이 생기는 것은 계획을 다 지켰을 때 성취감으로 충족된다. 그러나 아무 계획이 없을 때의 불안감은 버티기 어렵다.

우리 부부의 '꾸준히'라는 것은 눈뜨자마자 실천하는 작은 루틴을 말한다. 아침에 일어나서 가글을 하고, 따뜻한 물이나 차를 마신다. 아침에 작은 계획을 실천하는 것만으로도 자존감이 올라가 하루를 임하는 자세가 달라진다. 처음부터 계획이 원대하거나 거창할 필요는 없다.

뻔한 결론이지만 계획하고 꾸준히 실천한다. 오늘 하루만 살 것이 아니기에 무리하게 계획할 필요도 없다. 티끌도 태산이라 계획을 세우고 꾸준하다면 시간 부자가 아니어도 시간의 밀도는 깊어진다. 이렇게 깊어진 밀도는 시간이 지날수록 인풋, 아웃풋 대비 더 큰 효율을 내게 한다. 이것이 시간의 밀도를 중요하게 여겨야 하는 이유다.

만약에 남편이 사라진다면

만약 남편이 사라진다면? 살아있다는 것만 확실하고 남편이 갑작스레 사라진다. 그리고 한 가지만 남겨줄 수 있다면 남편이 무엇을 남겨주었으면 좋겠냐는 질문에 우리 베이비시터님은 '돈'이라고 말했다. 얼마의 돈만 남겨두면 남편이 사라져도 괜찮냐는 질문에는 선뜻 대답을 못하셨다. 그러다 자기의 일상이 망가지지 않는 최소한의 돈은 남겨두었으면 좋겠다고 하였다.

질문을 바꿔보았다. 어느 날 갑자기 남편이 눈꺼풀만 움직일 수 있는 식물인간이 된다면? 어쩌겠냐 물음에 다행히도 남편을 버린다고 답하지 않았다. 그러나 그런 상황이 됐을 때 장점은 구박해도 바람을 피우지 않는다는 점이고, 단점은 역시 돈을 못 벌어다 주는 거라는 대답이 돌아왔다. 베이비시터님도 결혼 10년 차가 넘어서일까? 열심히 살아온 한 가장의 비극이 이 정도의 단점밖에 되지 않는다는 현실에 마음이 아려왔다.

남편의 비극에서 베이비시터님이 공통으로 뽑은 큰 걱정은 '돈'이었다. 꼭 '돈 벌어다 주는 남편'의 줄임말이 '남편'인 것처럼 여겨졌다. 남편이 사라지더라도 일상이 무너지지 않은 정도의 돈은 남겨두고 떠나길 바란다. 그 말은 곧 돈이 충족된다면 남편이 사라지더라도 자기의 일상이 보존되길 바란다는 것이다. 돈이라는 것은 사지만 멀쩡하다면 노력해서 벌 수 있다고 생각하기에 나에게 돈은 남편을 지칭하는 말은 아니다.

흔한 막장 드라마만 봐도 돈 많은 회장님의 불륜도 돈으로 보상만 해준다면 눈감아주는 아내들이 나온다. 그런 인식 때문인지 나에게도 그런 모습을 기대했다면 미안하지만 그렇지 않다. 돈 때문에 사는 것이었다면 첫 신혼집이 내 명의였는데 아이 둘 낳기도 전에 도망을 갔을 것이다. 남편이 벌어다 주는 돈으로 내가 하고 싶은 것을 조금 더 편하게 할 뿐이지 남편이 없다고 하지 않을 일이 아니다. 남편이 갑자기 사라지고 나에게 하나만 남겨줄 수 있다면 돈이든 그 무엇을 남겨주더라도 아무 감흥이 없다. 나에게 남편을 대신할 수 있는 것은 없기 때문이다.

그러나 남편은 나와 다르다. 얼마 전 남편이 일 때문에 제주도 친정을 혼자 가게 되었다. 아이 둘 모두 감기에 걸려 나와 아이들은 집에 있을테니 혼자 다녀오라는 권유에 남편은 마지못해 제주도로 향했다. 갈 때는 우리가 걱정되었지만 그래도 설레는 마음이 드는 건 어쩔 수 없었다.

울산공항에 들어섰다. 지역 공항은 작아서 제주로 가는 편도 비행기가 하루에 한 번밖에 없다. 미리 예약을 하고 갔는데도 불구하고 비행기에 문제가 생겼는지, 남편은 원래 타기로 했던 기종이 아닌 경비행기에 탑승하게 되었다. 남편은 직감적으로 집으로 돌아갈까 고민을 했지만 사람들이 하나둘 비행기에 탑승하는 걸 보고 어쩔 수 없이 대세에 따라서 탑승하게 된다. 남편은 원래 비행기를 무서워하는 사람이다. 비행기를 타면 항상 이륙하는 순간부터 내 손을 꼭 잡고 눈을 질끈 감고는 잠자는 척을 한다. 그러다 비행기가 난기류에 흔들리게 되면 얼굴에서 식은땀이 줄줄 흘릴 만큼 비행기 타는 것을 무서워한다. 그러니 무슨 배짱으로 경비행기를 탔을까 생각해보면 아마 용기를 내서가 아니라, 한 번도 타본 적이 없었기에 어떨지 몰라 탑승한 것 같다.

그런 남편이 난생처음 제주공항에 착륙을 시도하다가 실패하고 상공에서 한 시간 가까이 머물게 되었으니 '생사를 오간다'라는 것을 실감하게 된다. 걱정할까 봐 나에게는 연락조차 못 하고, 남편은 비행기의 움직임에 따라 한 번씩 스마트폰 데이터가 연결될 때마다 내 동생에게 나에게 전해달라며 장문의 카카오톡 메시지를 남기게 된다.

그 메시지는 자기가 없더라도 집에 있는 컴퓨터의 바탕화면에 자기가 분석해놓은 데이터들이 있으니, 그 데이터를 보고 계속 투자하고 살라는 유언이었다.

다행히 비행기는 다음 시도에 착륙에 성공하여 제주도 땅을 밟게 되었고, 남편은 다시는 경비행기를 타지 않겠다고 이를 갈았다. 무사히 제주도에 도착하였기에 이 사건은 해프닝으로 넘어갔지만, 기가 막히고 코가 막히는 일이 아닐 수 없다. 왜냐하면 남편이 죽음의 경계선에서 나에게 남긴 것은 '투자 정보'였기 때문이다. 이것도 직업병인가 싶어서 무섭기까지 하였다.

남편이 아무리 저런 고급 정보를 준다고 해도 아직까지 나는 직접 투자할 생각이 없다. 투자라는 것이 내가 넘지 말아야 할 높은 산같이 느껴진다. 하루는 텔레비전 오디션 프로에서 어떤 래퍼가 많은 주목을 받고 있는 걸 신기한 마음에 계속 시청했다. 그 래퍼의 부모님 중 한 분이 유명한 배우였기 때문이다. 그는 누구의 자식으로서가 아니라, 자기를 드러내고 싶다며 오디션 프로그램에 나왔다. 그와 나는 경우는 다르지만 약간 비슷한 기분을 느끼지 않을까 싶다. 가끔은 남편이 넘지 못할 벽처럼 거대하게 느껴진다. 내가 아무리 노력해도 남편보다 투자 분야에선 절대 뛰어나지 못 하리라 생각한다. 이 생각은 경외심으로, 존경심과 두려움 두 가지의 복합적인 마음을 담고 있다.

그래도 남편 따라다니면서 살아있는 교육의 현장을 간접적으로 체험하였으니 공부를 조금만 하더라도 장족의 발전이 있지 않겠냐며, 제대로 공부해보라고 하는 사람들도 있었다. 그러나 남편과 나에게는 각자 잘하는 분야가 있다. 또한 내가 조금 알게 되었다고 한정된 자본에 대해서 서로 각각 나누어 투자를 한다는 것은 말도 안 되는 일이다. 어중간하게 안다고 남편의 선택에 첨언해서 중심을 흔들거나, 서로 잘났다며 불화의 소지를 만들고 싶지 않다.

만약 남편이 사라진다면 남편이 지금 하고 있는 일을 반려자로서 이어받게 될까? 생각만 해도 암담하다. 준비가 되어 있지 않다. 남편처럼 잘할 자신이 없다. 솔직하게 말하면 시부모님과 상의하여 남편이 가지고 있는 아파트를 정리하는 방향으로 가닥을 잡을 것이다. 그리고는 아이들의 일상을 최대한 유지하고, 시부모님 아들의 빈자리를 채우는 데 급급하며, 아이들이 커서 엄마의 그늘이 좁아질 때쯤 안정적인 수익을 주는 투자를 고심하는 나의 모습이 보인다.

만약에 남편이 사라진다면 생사만 알면 기다릴 것이고, 눈꺼풀만 움직여도 구박은 할지언정 죽는 날까지 옆에 있을 것이다. 아마 눈꺼풀만 움직이든 다리를 잃었든 남편을 업고 전국 아파트를 같이 휩쓸고 다닐 터이니 사이는 더 좋아지지 않을까 생각이 든다.

남편과 나는 돈을 좇아 경제적 자유에 입성하고자 한다. 그래서 돈이 주는 가치에 대해서 누구보다 진지하다. 그렇지만 돈으로 모든 것을 연관 짓진 않는다. 그렇게 돈! 돈! 한다고 경제적 자유를 가져다주는 것이 아니기 때문이다. 눈앞의 돈만 좇으면 그다음은 없다. 차라리 몸에 힘을 풀고 멀리 바라보는 것이 지름길을 찾아 더 빠르게 전진할 수도 있다.

남편이 없다면 우리 가족의 경제적 여건은 현실적으로 아주 빠르게 위기에 봉착할 것 같다. 그렇다고 해서 남편이 돈만 벌어오는 기계가 되지 않았으면 좋겠다. 남편이기 전에 나의 하나뿐인 반려자이자 소중한 친구이기 때문이다.

4장

결혼 3년 차,
서당 개 3년이면
부동산 투자를 한다?

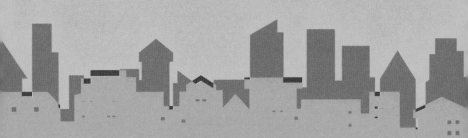

도대체 투자는 언제 끝날까?

어느 날 남편의 지인에게 연락이 왔다. 종종 안부 정도 묻는 사이였는데, 이번에 청약 당첨된 아파트에 입주한다고 갑작스레 연락이 왔다. 그날 밤 남편은 잠을 뒤척였다. 잠도 안 자고 할 일이 없는지 휴대폰만 뒤적인다. 남편은 지인이 입주하는 아파트의 분양가가 얼마이고, 지금은 얼마인가에 대해 찾아보고 있었다. 3년 전 청약에 당첨되었을 때 분양가가 7억 정도였는데, 입주가 시작되는 지금은 16억을 웃도는 호가로 거래가 되고 있다.

휴대폰을 빼앗고 어서 자라는 불호령에도 남편은 이불을 뒤집어쓰고 폰을 만진다. 그조차도 거슬려 "사촌이 땅을 사면 배가 아프다더니…. 그만 보고 자"라며 재촉했다. 소인배라서 저런다며 핀잔을 계속 줬지만, 사실 남편은 소인배라기보다 소위 말하는 '현타(현실 자각 타임)'가 와서 그런 것이다.

재테크가 인생을 알뜰하게 잘 산다는 기준은 절대 아니다. 청약에 당첨된 것이니 지인이 재테크에 아예 문외한이라고도 할 수 없다. 그러나 남편은 그 지인이 그동안 부동산에 대해 별 얘기도 없었고, 본인의 청약가점이 몇 점인지도 몰랐기에 그저 부동산에 관심이 없다고만 생각했다. 남편은 경제적 부를 이룩하기 위해 열중해 왔는데도 불구하고, 가지고 있는 것을 정리하면 대출 없이 살 수 있는 아파트를 운 좋은 지인이 소유한 것에 괜한 허탈감을 느낀 것이다. 잠도 안 자가며 투자에 몰두하는 남편은 그야말로 현타가 제대로 왔다. 내색은 안 내려고 했지만, 누가 봐도 힘이 축 빠진 게 보였다. 옆에 있는 나마저도 덩달아 힘들었다.

그러다 의외의 일로 남편의 기분은 환기가 되었다. 우리 집 근처에는 '앉은뱅이도 일으켜 세우는 PT 선생님'으로 유명하신 분이 있다. 외국 논문도 열심히 공부해가며 항상 겸손하게 자신의 일에 정진하신다. 운동은 평생 하셨고, 이 일을 업으로 여겨 전문 운동 코치로서 경력이 15년 차가 된 분이다. 우연히 수업 중에 선생님의 친정 이야기를 듣게 됐는데, 그의 가족에게 엄청난 성공 스토리가 숨겨져 있었다.

선생님의 아버지는 대기업 1차 벤더 회장님이고, 오빠는 사장이었다. '회장님'이라는 까마득히 높기만 한 단어에 설레어 운동하다 선생님에게 꼬치꼬치 캐물었다. 선생님의 오빠는 광역시에서도 제일 비싼 소위 '대장' 아파트에 거주하면서, 회원권이 1억이 넘는 리조트 펜트하우스의 회원권을 가지고 있었다. 최근에는 회원권의 프리미엄이 2억이 붙었다고도 했다. 거기에 보태어 다복하기도 하지, 아이들이 4명이나 있는 남 부럽지 않은 인생을 사는 분이었다. 이번에 자녀를 대학에 진학시키기 위하여 입시 코디네이터도 붙여주고 물심양면 지원했더니 인 서울 대학 진학에 성공하는 등 부러운 일투성이였다. TV에서나 볼 법한 이야기다.

나는 대단한 집안의 막내딸이 선생님이라며 손뼉 치며 맞장구치고 있었지만, 옆에서 그 이야기를 듣던 남편은 달랐다. 남편은 투자를 업으로 삼다 보니 그동안 '그래도 부동산의 끝판왕은 대출 없는 실거주의 서울 강남 한복판 아파트이지 않겠냐' 생각했었다. 그런데 실제로 행복의 척도를 물질적인 것으로 비교해보자니, 광역시 대장 아파트에 살면서 1억이 넘는 리조트 회원권을 갖고, 자녀를 4명이나 가진 사람이 과연 강남의 부동산을 소유한 사람보다 행복하지 않을까?

남편은 강남 부동산을 가져야만 행복할 거라고 막연히 생각했지만, 실제로는 그렇지 않다는 걸 다시 한번 느낀 것이다. 이 부분은 단지 투자에 국한하지 않고, 남자로 태어나 칼을 뽑았으면 무라도 썰어야 하는 사내대장부의 자존심과도 유사한 것이었다. 그 칼을 남편은 부동산에 쏟았고, PT 선생님의 아버지와 오빠는 사업에 쏟은 것이다.

아마 아무리 중견기업 사장님이어도 강남에 살았다면 옆집의 누구와 비교하며 살지 모른다. 그리고는 스스로 계속 채찍질을 할 것이다. '저 사람보다'라는 단어의 함정은 '저 사람'이 계속 바뀌는 것에 있으니 말이다. 결국 남편은 행복의 척도를 '비교'로 한 것이다. 비교는 쾌락 한 번을 위해 스스로 불행하게 만드는 것인데, 그동안 잊고 있었던 것이다. PT 선생님이 돌아가고 늦은 밤 아이들이 재워놓고 둘이 앉아 도란도란 옷을 개는데, 남편이 담담하게 이야기를 시작했다.

"행복하기 위해서 투자하는데, 투자하면 할수록 그 행복의 문턱이 계속해서 높아지는 것만 같아. 이 문턱만 넘으면 되는 줄 알았는데, 넘어가 보니 새로운 문턱이 있어. 처음에는 문턱이 낮아서 조금만 넘어도 너무 행복했는데, 문턱을 넘으면 넘을수록 넘는 것에만 열중한 거 같아. 하지만 그렇다고 멈출 순 없어. 이 끝없는 문턱을 무턱대고 넘지 않아야겠다고 마음먹는다면 그것 또한 불행할 거 같아."

우리는 결국 투자는 끝이 없다고 생각한다. 도전해서 맛본 성취욕은 너무 달콤해서, 정체돼서 뒤처지는 것은 거의 자신을 잃는 것과 같은 느낌이다. 그러나 PT 선생님 가족 이야기는 우리가 행복하기 위해서 투자하는 것이지만, 그동안 그 행복을 '비교'에서 찾았다는 것을 뼈저리게 느끼게 되는 계기가 되었다.

비교해서 다른 사람을 넘어서는 것에 성취욕을 느끼고, 다시 다른 사람과 비교하고… 그러다 보니 행복하기 위하여 비교한다. 비교는 끝이 없고, 스스로 불행하게 만드는 척도임은 분명하다. 하지만 한편으로 잘 활용하면 다시 선한 영향력으로 성장하게 만드는 동기부여도 된다.

'중도'를 잘 지키는 것만이 아주 중요한 전략임을 알게 되었다. 우리도 어느새 투자에 중독된 것이다. 이후에는 달라지려고 의도적으로 주위를 둘러보았다. 재테크를 전혀 하지 않은 남편 여동생의 신혼집만 봐도 그렇다. 시누이네는 정말 좋은 물건을 고민에 고민을 거듭하여 신중하게 구매한다. 그러고는 그 물건을 볼 때마다 행복감을 가지는데, 그렇게 고민하여 장만한 물건을 집에 차곡차곡 쌓아갔다. 그러니 시누이는 집에 애정도가 높다. 집에 가면 무척 행복해하는 시누이의 모습이 부러웠다. 우리에게 집은 밥 먹고 자는 곳, 그뿐이니 말이다.

남편은 부동산 외에는 무관심하다. 나 또한 고민을 잘 하지 않는 성격이다. 그러나 이제는 다르다. 오늘, 그리고 지금 당장 누릴 수 있는 것이 무엇인지 생각한다. 그리고 그것이 삶의 질을 바꾼다는 것을 알아가는 중이다. 남편은 말한다.

"행복은 멀리 있는 것이 아니라 가까이 있는 것이고, 아주 사사로운 것이야."

우리가 찾은 작고 가까운 행복 중 하나는 '필로우 미스트'다. 잠자기 전에 베개에 뿌리는 향기로운 미스트인데, 심신을 안정해주는 것이 기가 막히다. 예전 같으면 그냥 베개를 빨고 말지 굳이 저렇게까지

해야 하나 생각했겠지만, 사용해 보니 향기가 주는 힐링이 크다.

그렇게 우리는 '경제적 자유'와 '행복'이라는 단어를 분리해 가고 있다. 그리고 비교에 중독되어 취하지 않기 위해, 서로 "너 좀 취한 것 같아"라고 견제해주는 와이프가 있고 남편이 있다.

우리는 경제적 자유로 가는 이 길에 비교가 아닌, 투자에 '몰입'을 할 것이다. 그렇게 된다면 투자에는 목표가 생기고, 그 목표를 이뤄가는 길은 사소한 행복으로 채워질 것이며, 앞으로 걸어갈 투자 여정도 화사해질 것이다.

착한 빚도 있다

남편과 나를 모두 아는 사람들이 보통 처음에 많이 하는 이야기는 "같이 투자하세요?"이고, 그다음은 "공부해서 같이 투자하면 좋겠네요"다. 하지만 우리 가족, 또는 가족 같은 친구들까지 포함하여 '투자자'인 사람은 남편 하나다.

투자 전도사로 '나도 좋고 너도 좋고 모두가 좋은 세상을 꿈꾸는 평화주의자'인 남편은 올해도 천만 원이 넘는 기부를 했는데, 이 좋은 부동산 투자를 주변에 추천하지 않을 리 없다. 되레 간곡히 부동산 투자의 은혜를 같이 받자고 자기 시간까지도 모조리 할애하여 투자를 전도한다. 길에서 종교를 권유하는 사람의 이야기는 들어보지도 않고 지나칠 경우가 많은데, 남편의 이야기는 들어주기는 하였으니 그것보다 대우는 좋았다. 그러나 남편이 하는 이야기는 들어주지만 아무도 투자자가 되진 않는다. 그렇다고 그들이 틀린 것은 절대 아니다.

남편의 여동생 즉, 아가씨가 결혼을 한다. 믿든 안 믿든 나에게는 너무나 예쁜 시누이다. 누가 뭐라 해도 무조건 내 편이라고 말하는 아가씨가 예쁘지 않을 수 없다. 그래서 줄 수 있다면 무엇이든 주고픈 게 내 진심이다. 그런 아가씨가 뭐하러 결혼을 빨리하는지, 결혼하면 겪어야 하는 의무로 인해 고생할까 봐 결혼식장에서 나만 울며 주책을 떨었다. 그런 소중한 아가씨이니 우리 부부는 억지로라도 투자를 권할 수밖에 없었다.

아가씨 부부는 둘 다 음악을 전공한 예술인이다. 우리 부부는 음악에는 문외한이지만 아가씨 부부가 음악을 한다는 것이 경건하게 여겨진다. 음악을 하는 것이 일이 아니라 수양이라고 느껴지기 때문이다. 아가씨는 음악이라는 외길을 앞만 보고 달려왔기에 부동산에 대해서는 자신이 없다고 했다.

그런 아가씨 부부를 설득하여 2020년 2월, 지방 광역시의 한 아파트를 매매한다. 물론 전세를 끼고 거래해서 1억 미만의 투자금으로 투자가 가능했다. 사실 매매에 들어간 금액은 시누이 부부의 모든 것이었다. 결혼자금을 몽땅 이 아파트에 투자한 것이다. 절대 쉬운 결정이 아니다. 보통 결혼자금을 가지고 있다면 안전하게 전세로 시작하는 게 일반적이다. 그러나 설득을 할 수 있었던 이유가 있었다.

아가씨는 똑똑한 사람은 안 부러워해도 잔머리가 비상한 사람은 존경하는데, 남편이 바로 그런 사람이었다. 여기서 잔머리는 JQ의 지능이 아니라, 원하는 게 있으면 무슨 수를 써서라도 얻어내고 마는 모습이다. 어릴 때부터 남편은 가지고 싶은 장난감이 있으면 잠자는 어머니 옆으로 다가가 밤새 그 장난감이 필요한 이유를 설명해서 결국은 질려서 사줄 때까지 사람을 피 말리게 했다. 대학 시절에는 학교 정문에서 전공관 건물이 너무 멀어 차가 필요하자, "열심히 고생하여 이만큼 키워준 아버지에게 지금 타고 계신 차는 맞지 않다"며 아버지를 위해서라도 차를 바꿔야 한다고 설득에 설득을 한다. 결국 아버님은 스스로에게 주는 선물로 차를 바꾸셨다. 그리고는 자신을 무척 위해주는 효심에 탄복하여 타던 차를 남편에게 주었다. 최대 수혜자는 남편이었다.

이런 일화와 함께 평생 남편을 같은 눈높이에서 보고 자랐으니 아가씨는 자신의 오빠에게 믿음이 강했다. 그러나 그것은 가족으로서 아가씨에게만 해당되는 이야기다. 아가씨의 남편은 결혼할 당시 나이가 34살로 어느 정도 사회생활을 한 후였다. 그래서 순진하게 남편의 화려한 수익률 나열만 믿고 투자를 한 것은 아니다. 현재 고모부인 아가씨의 남편은 '빚지는 것은 을이 되는 것과 같다'고 여겨서 친한 사이라도 남한테 빚을 지는 일은 하지 않는다. 그럼에도 불구하고 부모님에게까지 약간의 도움을 받으며 투자했으니, 고모부는 정말 용기 내서 승부수를 던진 것이다.

고모부가 그렇게 승부수를 던진 것은 투자를 설득한 사람이 결혼할 여자의 가족이었기 때문이다. 그 가족은 자신의 가족이 될 것이며, 가족이기에 믿었다. 고모부는 자라오면서 자신을 믿어주었던 가족들 덕분에, '가족이기에 믿어야 한다'는 가치관을 가지고 있었다. 그리고 밀착 코치를 하며 정신없이 밀어붙이는 남편 때문에 고모부는 번갯불에 콩 굽듯이 투자를 하게 된다.

그러면서 정작 신혼집은 전세대출을 받아 하늘로 오르는 길처럼 경사가 급한 곳의 30년이 넘은 오래된 아파트에 둥지를 튼다. 길이 어찌나 가파른지, 결혼 후 아가씨 집에 가족들 모두 모여 놀러 가는 내내 어머니가 "눈 오면 사이드 브레이크를 잠가도 뒤로 미끄러져 떠내려갈 거 같다"며 걱정을 많이 하셨다.

신혼집을 매수하고 약 2년이 지난 지금, 아가씨 부부는 부산에서 차가 없어도 될 만큼 교통이 편한 곳에 오르막 따위는 없는 아파트에 산다. 그곳은 거실에서 법원이 바로 보이는 학군지로 여름에는 시원하고 겨울에는 따뜻한, 잘 지어진 아파트다. 집들이 때 놀러 가 아가씨가 타 준 커피를 한잔 들고 베란다에서 밖을 내려다보니 불 켜진 법원이 보였다. 아무 생각 없이 그냥 가만히 바라보는데 문득 '이곳에서 아이를 낳고 키운다면 아이는 자연스레 저 법원을 직장 삼아 세상에 나가는 꿈을 꾸지 않을까?' 생각이 들었다. 우리 집도 아닌데 괜히 설레었다.

처음 투자했던 아파트가 투자금의 100% 넘는 수익률을 기록하고 전세가 만기 되어, 실거주하면서 투자 가치도 있는 4억 중반의 아파트를 산 것이다. 그리고 벌써 호가는 9억이 됐다. 이후로 고모부는 '빚도 착한 빚이 있구나' 그리고 '정말 이게 되네?'라며 머릿속에 투자의 긍정적인 인식이 각인되었다. 그래서 주변에 전세를 고민하는 사람이 있다면 집을 사라고 강력하게 권유한다고 한다.

그래도 빚은 안 된다고 부모님에게 밥상머리 교육을 받고 자랐기에, 고모부는 이자와 원금을 기한에 맞춰 매달 내는 '원리금 균등상환 대출'로 빚을 없애기 위해 최선을 다하고 있다. 다음 투자가 어떻게 될지 몰라 무조건 원금 상환 없이 이자만 내는 '만기 일시상환 대출'을 선호하는 우리 부부와는 완전 다르다. 또한 고모부는 한 번의 승부수로 짜릿한 승리를 거머쥐었지만 부동산 투자자로 전향하지는 않는다.

다른 제삼자가 볼 때, 2년 만에 몇 억이나 되는 돈을 벌었고 전업 투자자가 가족으로 있으니 고모부가 투자자로 변모해가는 것은 당연한 순리일 것이라 생각할 지도 모른다. 그러나 고모부는 자신의 일에 매료되어 있다. 남편이 부동산 투자에 중독된 것처럼 말이다. 언젠가는 투자를 업으로 삼을 지도 모르겠지만, 고모부는 "지금은 아니다"라고 말한다.

그렇다면 이제 어엿한 엄마가 된 아가씨가 투자하는 것도 누구나 그려볼 법한 모습이다. 그러나 아가씨가 보는 투자자는 '원하는 것이 무엇인지 확실히 아는 사람'으로, 그것이 충족되어야 행복한 사람이다. 자신은 작은 행복이 모여서 큰 행복을 느끼는 사람이라 한 번의 모험은 해볼 수 있으나, 그 이상은 스스로 괴롭히는 일이라며 투자를 잘하는 오빠가 있으니 자기까지 잘할 필요 없다고 아가씨는 단호하게 선을 긋는다.

또한 아들의 투자에 열렬한 믿음을 주는 시어머니는 남편의 부동산 투자 지인 중 60대의 치과의사도 있다는 이야기에 대단하다며 박수는 쳤지만, 남편에게 던지는 응원과 별개로 어머님 자신이 하고 싶은 투자와는 결이 다르다고 하신다. 1년간 주식을 가지고 있으면 실적에 맞춰 주주에게 배당을 주는 배당주에 투자하고, 먼 훗날에는 비트코인이 대세라며 밤늦게까지 비트코인 관련 유튜브 영상을 보면서 주무시기 일쑤이다.

우리 부부가 부동산 투자 전도를 많이 했지만, 투자자가 되고 싶어도 투자자의 길로 들어오지 못하는 이들도 많다. 그것은 시간과 돈이 준비가 안 돼서 실행을 하지 못하기 때문이다. 다들 '시간과 돈' 둘 중 하나라도 없으면 안 된다 여기는데, 사실 준비가 되지 않더라도 투자자는 될 수 있다.

남편은 결혼 전에 낡은 빌라를 가지고 있었기에 무주택자는 아니었다. 무주택자가 집을 사면 나중에 매도 시 비과세로 세금이 나오지 않는다는 말에 결혼 전 내 명의로 신혼집을 샀다. 남편의 절대적인 사랑의 결실이어서도, 비과세에 눈이 멀어서 투자를 밀어붙인 것도 아니다.

신혼집을 사기로 결심한 이유는 몇 가지가 있다. 첫 번째로 예전 남자 친구의 돈 관리를 해주던 나는 그 남자와 결혼이라도 할 줄 알고 결혼 자금 삼아 적금을 내 이름으로 넣었다. 그러나 보통 연애가 그러하듯 욕하면서 헤어졌고, 적금은 해약하여 반반 나눈 적이 있었다. 내 명의로 신혼집을 사자는 남편은 이 이야기를 듣고 내가 도망가지는 않겠거니 생각했다.

두 번째로는 결혼하고 나면 정말 과감하게 투자를 할 수 없다고 생각했다. 한 집안의 가장이 되면 차를 마음대로 못 바꾸니 결혼 전에 바꾸고 결혼하는 남자들이 많은데, 그런 맥락과 같다.

우리 부부는 남들과 다른 사람이라거나 특별한 교육을 받아서 투자를 시작한 것이 아니다. 오히려 부족한 부분이 더 많은 사람이다. 투자자가 되는 사람은 그냥 과감하게 실행한 사람인 것 같다. 또한 우리의 첫 투자는 운이 좋았다. 말 그대로 도박이었다.

남편은 첫 투자를 회상하길 "카지노에서 친해진 딜러가 웃으며 주는 카드를 받고 어떤 카드인지도 모르면서 모조리 올인한 것과 같다"고 말한다. 만약 내가 잠적하여 도망이라도 갔다면 남편은 정말 죽으려고 했을지도 모른다. 그때가 남편 인생에서 주식과 코인, 부동산 등 모든 실패를 겪고 난 다음이었기 때문이다. 투자한 것마다 모두 실패했던 남편은 또다시 나에게 자신의 운명을 걸었다. 그렇게 내 명의로 된 집이 처음 생기게 되었다.

보이는 게 다인 리모델링

현장에서 안전모를 쓰고 땀 흘리는 내 모습이 섹시하다고 생각했던 적이 있었다. 남편한테 보여주려고 현장에서 굴러다니는 안전모를 굳이 집에 들고 왔다. 안전모를 왜 가져왔냐고 묻는 남편에게 깨끗하기만 한 안전모를 더러워서 닦으려고 가져왔다며 쓰고는 주위를 어슬렁거렸다. 하지만 원했던 반응은 없었다. "일한다고 힘들지?"라며 새벽에 출근하는 나를 위로만 할 뿐이다.

나와 남편은 미적 감각이 확실히 다른 사람들이다. 남편은 스타일 좋다고 사람들에게 박수를 받는다. 나에게 남들에게 자랑할 만큼 특별히 예쁘다 여기는 물건을 대보라면 내 돈으로 산 안전화가 제일 먼저 떠오른다. 그래도 직장동료들은 예쁘다고 인정해줬다.

남편이 말하는 '예쁜 것'과 내가 말하는 '예쁜 것'은 결이 다르다. 내가 좋고 내 눈에는 예뻐 보였으니 결혼 전에는 간섭 없이 살아왔지만, 결혼 후 남편은 같이 쓰는 집이니 같이 잘 꾸몄으면 좋겠다며 가구 하나 살 때도 자기와 이야기하고 함께 결정하길 바란다. 이런 나도 예쁜 집은 돈만 있으면 가질 수 있다. 어차피 예쁘게 만들어주는 건 인테리어 업체가 전공 분야이니 말이다. 그러나 우리는 그렇게 하지 않는다.

일요일 밤, 아이들을 재워놓고 한시름이 놓여서 TV를 본다. 한 프로그램은 집을 중개해주는 프로그램인데 모델하우스 같은 집들이 줄지어 나온다. 남의 집 구경이지만 대리만족이 되기 때문에 시간 맞춰서 보는 편이다. 왜냐하면 나는 저 돈 들여서 저렇게 인테리어를 하지 못할 것이란 걸 잘 알기 때문이다. 이사 들어가기 전에 하는 인테리어의 적정선은 도배, 장판, 싱크대, 화장실이다. 그 외 다른 인테리어는 거의 대부분 우리에게 사치의 영역이다.

얼마 전 시어머님의 친구분이 신축 아파트에 입주하셨는데, 들어가기 전에 인테리어를 다시 싹 하셨다고 했다. 집들이에 초대받았을 때 어머님은 기쁜 마음으로 친구들과 방문하셨고, 친구분은 벽지부터 시작하여 바닥은 대리석으로 다 바꿨다며 자랑스럽게 집안 곳곳을 소개하셨다. 얼마나 고심하여 인테리어를 하였는지, 집에 대하여 자부심이 높으셨다. 지금 살고 있는 집 인테리어를 같이 고민했던 적이 있어 요즘 시세가 어떤지 알고 있는 어머님은 표는 안 내려고 노력했지만 들으면 들을수록 입이 다 벌어졌다고 하셨다. 집은 33평형인데 인테리어 비용이 5천만 원은 가볍게 넘겼을 것으로 파악된다.

집들이에 다녀오신 어머니의 이야기를 듣고 여기서 내가 혀를 내두른 몇 가지 포인트가 있는데, 가장 충격적인 것은 벽지를 천연 벽지로 바꾼 것이다. 아기가 있는 집도 아닌데 천연 벽지라니? 구축 아파트를 산 것도 아니고, 신축이면 기본적으로 실크 벽지가 발라져 있다. 그리고 신축 아파트는 살다 보면 생각지도 못했던 하자가 많은데, 결로로 인해 벽지에 곰팡이가 피는 것도 한 예다. 그렇게 되면 벽지부터 찢어서 벽이 젖었는지 확인하는데, 그렇게 비싼 벽지를 선택한 것이 우리로선 매우 놀라웠다.

이해는 간다. 이제 정년을 맞이하는 연배시니, 평생 살집이라 생각하기에 모든 것을 쏟아 부은 것이니 말이다. 그러나 함정은 인테리어는 주기적으로 해야 한다는 것이다. 주기적으로 해야 하는 이유는 갖다 붙이기 나름인데 취향이 바뀌어서 일수도 있고, 낡아서 일수도 있다. 그래서 인테리어는 기간과 액수를 정해서 주기적으로 하는 것이 가장 이상적이다. 그런데 구축도 아니고 신축 아파트에 입주하면서 모든 것을 다 바꾼다니 결혼식에서 한번 마주쳤던 그분 얼굴이 떠올라서 걱정이 안 될 수 없었다. 분명 돈을 두 번 쓰는 일이 될 터이니 말이다.

처음 입주하는 집은 벽지도 실크고 장판도 새것인데, 본인의 취향에 맞지 않다 하여 전체를 갈아엎는다는 것은 남편과 나는 아주 가성비 떨어지는 소비 행위라고 생각한다. 아파트에 투자할 때 보통 전세 입자를 들이는 경우가 많다. 특히 투자자가 많이 들어간 아파트일수록 전세 물량이 많아지기 때문에 이사 철을 넘겨버리면 전세입자를 구할 때까지 기간이 늘어지게 된다.

그래서 전세 물량이 많다면 우리가 선택할 수 있는 전략은 인테리어가 잘 되어있는 집을 저렴하게 사거나, 아니면 낡은 집을 사서 인테리어 비용만큼 가격을 깎아 인테리어를 하거나, 또는 인테리어 공사를 진행하는 것도 신경 쓸 일이 많으니 전세를 싸게 놓고 마는 것이다. 어차피 다시 되팔 아파트이기 때문에 우리는 인테리어를 안 하고 전세를 싸게 놓는 방법을 많이 이용한다.

또한 애초에 인테리어를 꼭 해야 될 만큼 오래된 집은 선호하지도 않는다. 지방 투자를 많이 하다 보니 굳이 오래된 집을 사지 않아도 좋은 투자처는 많다. 그래도 인테리어를 해야 할 경우가 생기면 기본적인 가이드라인은 있다. 첫째, 종합 인테리어 업자에게는 절대 맡기지 않는다. 둘째, 장은 무조건 싱크대 업체에게 맡긴다. 이렇게 두 가지만 지켜도 비용을 상당히 아낄 수 있다. 이렇게 구두쇠처럼 남이 살집이라고 어떻게든 비용을 아끼려고 하는데, 본인이 살고 있는 집까지 그럴까? 당연히 똑같다. 우리도 현재 살고는 있지만, 이 집 역시도 팔려고 산 것이니 말이다.

요즘 집값도 올라가고 코로나로 집에 있는 시간이 많아지다 보니 인테리어에 관심을 많이 가진다. 누군가 묻는다. 33평인데 인테리어 비용으로 얼마 정도면 적정한 거냐고 말이다. 인테리어 비용은 평수가 기준이 되어 '한 평당 얼마' 이런 식으로 책정된다.

우리가 살고 있는 집은 53평이니 같은 자재를 쓰더라도 평수가 넓기 때문에, 그리고 작업할 곳이 많아지기 때문에 인력이 많이 들어 당연히 인테리어 비용은 더욱 높아진다. 그리고 자재 값도 많이 올라서 평당 120만 원은 기본이라고 하는데, 우리는 53평이지만 2천만 원대로 인테리어를 마무리했다. 2천만 원이라는 비용도 두고 이사를 갈 것이라 매우 아깝지만, 10년 차 아파트이기에 인테리어가 필요했다. 그리고 팔 때 인테리어가 되어 있다면 안 되어 있는 집보다는 일반적으로 수요가 있으니 인테리어를 강행했다. 그래도 시세에 비교하면 저렴하게 한 것은 확실하다.

저렴하게 인테리어 공사가 가능했던 이유는 시트지 시공, 그리고 꼼꼼한 견적서의 확인에 있었다. 인테리어 업자에게 종합으로 견적을 맡겨 버리면 그 견적서 안에 수많은 항목들이 나열되어 있는데, 항목마다 철저하게 마진이 조금씩 다 포함되어 있다. 종합 인테리어 업자에게 받은 견적을 토대로 각 항목별로 개인 업자에게 견적을 받아 합해 본다면, 종합 인테리어 업자에게 받은 견적서에는 어마어마한 마진이 숨겨져 있다는 것을 알게 될 것이다.

알면서도 종합 인테리어 업자에게 맡기는 이유는 편하기 때문이다. 업자에게 각각 맡기면 일정 조율부터 시작하여 마감 상태까지 세세히 신경 써야 하는데, 종합 인테리어 업자가 있다면 신경 써야 할 것이 크게 줄어든다. 그래서 바쁜 우리 부부는 종합 인테리어 업자에게 의뢰를 하되, 계약할 때 먼저 용납 가능할 만한 마진을 제안하고 그 외 비용은 모두 원가에 제공받기를 원한다고 조건을 제시했다. 그러자 놀랍게도 견적서는 다이어트를 한 날씬한 금액으로 마무리가 되었다.

또한 시공하면서 결정해야 할 사항들은 기준이 필요하다. 우리의 기준은 어차피 이 집에서도 이사를 간다는 사실에서 정리된다. 그럼 이 집의 다음 주인은 우리의 인테리어가 호불호 갈릴 것이니, 실용적이지만 깔끔하게 보이는 것이 필요하다. 그래서 부분 시공을 접목한다. 예를 들어, 10년 차 아파트라 화장실 수리는 필수가 아니었다. 그러나 변기와 세면대만 최신 디자인으로 새로 교체한다. 그렇게만 해도 화장실에 들어올 때 호텔 화장실에 들어간 것처럼 그 효과는 무시하지 못한다. 목적을 정하고 공사해야 할 품목을 설정하니 공사비가 상당히 절약되었다.

그리고 인테리어에서 시트지의 시공 단가는 상당히 비싼 편이나, 교체보다는 저렴하다. 업자분들은 '시트지'하면 어차피 오래 쓰지 못한다며 무조건 비용이 더 들어가야 하는 것들을 나열한다. 그러면 추천해주는 것 중에 선택하는 것이 일반적이다. 그러나 우리는 어차피 몇 년 살지 않을 것이라 생각하기 때문에 시트지 시공을 선택한다. 시트지 시공을 할 때도 비용 절감을 위한다면 무조건 공사일정을 줄여야 한다. 그래서 서둘러 이사 들어와야 한다며 최대한 일정을 줄이기 위해 떼도 써야 한다. 시트지 시공은 인건비로 결정된다 해도 틀린 말이 아니다. 공사 기간을 최대한 줄이도록 협의한다면 비용 절감에 효과가 탁월하다.

남들은 묻는다. 그렇게 덮어버리는 인테리어는 다음 사람이 이 집을 사게끔 유도하는 속이는 행위지 않냐고. 하지만 다음 이 집을 살게 되는 사람들 역시 이 집에 들어올 때 개인의 취향에 따라 완전히 바꾸진 못해도 도배와 장판 정도는 염두에 둔다. 왜냐하면 인테리어는 개인의 취향에 민감하기 때문에, 집에 아무리 많은 돈을 퍼부어도 사는 사람 입장에서는 그것이 흉물일 수 있기 때문이다.

예전에 매수를 고려했던 한 아파트는 부자 동네로 유명한 곳이었다. 집을 보러 갔을 때 제일 기억에 남는 것은 거실 벽이 온통 책장이었다는 것과 안방 옆에 있는 팬트리 룸에 명품 박스가 벽을 이루고 있었던 것이다. 이 집은 집주인의 손이 안 닿은 곳이 없었다. 특히 거실 조명이 그늘이 안 지는 조명이라며 소개하는데, 손바닥만한 조명이 500만 원이 넘으니 말 다했다. 아이들이 책을 좋아해서 선택한 조명이라며 이야기하는 집주인은 인테리어에 자부심이 남달랐다.

33평인데도 불구하고 들어간 인테리어 비용이 8천만 원으로, 일반적으로 하는 인테리어 비용보다 훨씬 과했다. 그렇게 애착이 많은 집인데 매도하지 말고 사시지 왜 파냐고 묻는 질문에는, 다른 신축 아파트로 입주하게 되었다며 거기도 지금 인테리어 공사를 하고 있다 하였다. 지금 사는 집에 애착이 많아서 이사를 가야 하나 말아야 하나 고민을 너무 오래 하는 바람에, 입주 기간이 얼마 안 남아 잔금을 빨리 쳐주는 조건으로 8천만 원이라는 인테리어 비용은 아예 포기하고 급히 내놓은 것이었다. 그래서 인사하고 나가는 우리 부부에게 이 집을 사면 후회하지 않을 것이라고 당당하게 말했다.

나는 마지막까지 인사를 하며 그 집을 돌아봤다. 그분은 조명을 자랑스럽게 말했지만, 조명은 밝기만 하면 된다고 생각하는 촌스러운 나의 안목으로는 그저 별다를 것이 없었다.

같은 가격이라면 인테리어가 되어 있는 집이 좋지만, 파는 입장에서는 예술혼을 집에다가 풀 필요는 없다고 생각한다. 당연히 신축 아파트는 줄눈 정도는 해야 한다고 생각한다. 이건 실용적인 투자다. 물 때는 고욕이니 말이다. 그러나 그 이상은 필요 없다. 그래서 우리 신혼집도 신축 아파트였지만 중문은 없었다.

집이라는 것이 '신혼의 환상' 혹은 '나의 땀과 눈물이 고여 있는 노동의 결정체'라는 이름으로 비용을 과감히 투자할 수 있지만, 그 환상은 아이만 낳아도 다 깨진다.

집을 꾸미고 인테리어에 최선을 다하는 것이 자신을 표현하는 방법인 사람들도 있겠지만, 집과 자신을 동일시하지 않는 이들이라면 인테리어에 힘을 쏟은 것은 불합리한 투자일 것이다.

대단지 아파트 옆
구축 빌라 고난기

남편과 커피 한잔 후 집에 돌아오는 길이다. 갑자기 비가 조금씩 내리기 시작한다. 차에서는 부드러운 노래가 흘러나오고 있었다. 기어 위에 남편과 내 손은 벌써 포개져 있다. 분위기는 제법 달콤하다. 그러나 입에서 나오는 소리는 한숨 소리다.

"…비 오네. 전화 오겠다."

낮은 목소리로 담담하게 말했다. 그러자 남편은 더 이상 듣기 싫다며 다른 이야기를 하자고 한다. 한때 우리는 비만 오면 한숨을 쉬었는데, 장마라도 시작되면 하루하루가 지옥이었다.

결혼할 때 남편은 울산 외곽에 빌라를 가지고 있었다. 그래서 신혼집을 무리해서 사지 말고 그 빌라에 도배와 장판만 해서 들어가자는 내 말에 그 집에 들어가기 일보직전이었다. 빌라는 1990년에 준공되 있는데, 우리가 1990년생이니 30년이 넘는 세월을 버틴 빌라였다. 그 집은 22평으로 방 3개 화장실 1개였는데, 회사에서 제공해 주는 원룸에서 살고 있던 나는 이만하면 궁궐이라고 생각했다.

한 가지 마음에 걸리는 것은 근처에 공단이 있어서 외국인이 많이 거주한다는 것이었다. 하지만 그것도 집 밖을 잘 나가지 않는 나에게는 수용 가능한 사항이었다. 광역시 바로 옆에 있는 도농복합 지역이라 차를 타고 조금만 이동하면 큰 마트도 갈 수 있었다. 시골의 한적함도 누리면서 차를 타고 나가면 도시도 만끽할 수 있으니, 단점보다는 장점이 더 많다 여겨졌다. 그러나 지금 생각해보면 아찔하다. 그 빌라에 들어갔으면 인생이 끔찍했을 터이다.

그 빌라는 남편이 2016년에 토지 투자로 작은 성공을 맛보고는 자신감에 여기저기 투자를 하던 시기에 매수한 거였다. 지금 살고 있는 광역시 옆에 대단지 아파트가 들어온다는 소식을 듣고 재빨리 사게 된 것이다. 얼마나 급히 샀는지, 그 빌라를 무려 6,500만 원을 주고 샀다. 4,500만 원이 대출이었는데, 투자금이 2천만 원 들어갔으니 나름 저렴하게 샀다고 말하는 이들도 있다. 그러나 간과한 것이 있었다. 그 빌라는 LPG였다. LPG는 도시가스보다 연료 값이 많이 나오기 때문에 LPG 빌라는 도시가스 빌라보다 저렴한 것이 당연하다. 남편은 LPG인지 도시가스인지조차도 확인하지 않고, 도시가스인 줄 알고 그 당시 도시가스가 있는 빌라의 시세대로 매수를 한 것이다.

남편은 대단지 아파트가 들어오니 일대가 상가개발이 되어 입주가 마무리될 때쯤 그 지역은 사람들로 북적이는 곳이 되리라 생각하였다. 그럼 자연스레 이 낡은 빌라도 가격이 오를 것이라 오판을 한다. 흔히들 투자자들이 많이 하는 '상대평가'를 어리숙하게 적용한 것이다.

처음에는 좋았다. 이자가 약 매월 20만 원 정도였는데, 아파트 공사 인부들의 숙소가 부족하여 난리였기에 월세를 60만 원이나 받으며 임대를 놓았으니, 보고만 있어도 배부른 빌라였다. 그러나 그것은 잠깐이었다. 아파트 준공이 다가오자 인부들은 원래 왔던 곳으로 돌아가야 했고, 그 대단지 아파트는 공급물량 폭탄으로 다가왔다. 그래서 가장 먼저 빌라 전세가가 폭락했고, 뒤이어 매매가도 저 멀리 떠내려갔다. 이 자연의 섭리는 어떻게 손을 써볼 수조차 없었다.

임대로 이자만 낼 수 있으면 다행이다 여기고 있던 남편은 2017년, 강도 5.4의 포항 지진에 피눈물을 흘려야 했다. 나이 많은 빌라는 가만히 내버려 둬도 언제든 고장이 날 빌라였다. 처음에는 지진이 왔는데도 불구하고 빌라는 외적으로는 크게 문제가 없었다. 그렇기에 2019년에 결혼한 우리가 그 빌라에 들어가 살 생각도 했던 것이다. 아마 그전부터 심상찮은 기미가 있었을 수도 있다. 그러나 인부들을 대상으로 임대를 한 거였기 때문에, 그들에게 이 집은 '집'이 아니라 '거쳐 가는 곳'이어서 그랬는지 그러거나 말거나 별 얘기가 없었다.

우리가 이 집에 문제가 있다는 걸 알게 된 시점은 임대인들이 그 집을 나가고 남편과 내가 신혼집으로 삼을까 싶어 몇 차례 드나들던 때였다. 그때 확실히 알게 된다. 이 집은 누수가 조금이 아니라 무척 많이 되고 있다는 것을 말이다. 벽지에 곰팡이만 핀 것이 아니라, 도배를 찢어내자 벽이 축축하게 젖어 있었다. 하물며 비가 온 날도 아닌데 말이다. 그 이후 누수와의 전쟁이 시작되었다.

누수가 되었으니 윗집에게 보상을 받고자 연락을 했지만 연락이 되지 않았다. 찾아도 갔지만 당연히 만날 수 없었다. 어느 날은 벽에 물이 흐르는 게 보이자, 윗집 주인에게 전화를 불이 나게 했다. 그래도 전화를 받지 않아 다른 사람의 전화로 전화를 거니 전화를 받는 것이다. 윗집에게 수리를 해달라 하니, 못 해준다며 배짱 장사를 했다. 말로는 해결될 일이 아니라 판단되어 소송까지 염두에 두고 내용 증명을 보내자 그제야 연락이 왔다. 오랜 시간 통화를 했지만 요약을 하자면, "제발 그만 연락하세요. 저도 거기 투자로 매수한 건데 손해가 막심합니다. 임대라도 나가길 바라는 마음에 해본 적도 없는 셀프 인테리어를 하고 있습니다. 돈이 없어요"였다. 그는 짜증 반 절규 반 섞어서 자기 할 말만 하고 끊었다. 마지막의 마지막까지 윗집의 도움은 받지 못했다.

그것보다 더 큰 난관이 있었다. 억만금을 줘도 물이 새는 곳을 잡을 수 없었다. 왜냐하면 한 군데가 서서 한 군데를 막는 개념이 아니라, 무수히 많은 곳에서 누수가 되었기 때문이다. 그래서 무수히 많은 업자들이 거쳐 갔다. 처음 출장을 의뢰할 때는 자신 있게 별거 아니란 듯이 일정을 잡고 방문했지만, 갈 때는 하나같이 고개를 절레절레 흔들며 돌아갔다.

그래도 그중에 한 번 해보겠다는 업자들도 있었다. 우리는 많은 전문가들을 겪었기에 '물이 새지 않으면' 대금을 주겠다는 계약서를 쓰고 작업을 시작했다. 그런데 일은 일대로 하고 돈을 받지 않고 돌아가는 업자가 한둘이 아니었다. 그래도 마음 여린 시어머님이 열심히 해준 업자들에게는 남편 몰래 출장비라도 조금씩 드리곤 했다.

집이 영 고쳐지지 않아 답답한 마음에 우리 부부는 빌라의 부녀회장 집에 찾아갔다. 해도 해도 안 되니 욱하는 마음으로 하소연을 하러 찾아갔는데, 나올 때는 사람이 너덜너덜 해져서 나왔다. 빌라 자체가 낡아서 외국인이나 나이가 지긋한 분들이 거주했는데, 부녀회장은 70대였는데 불구하고 그 빌라에서 젊은 축에 들어 부녀회장을 맡고 있었다. 부녀회장님은 집을 방문한 우리에게 찐 고구마를 내주었다. 그 집도 누수가 심하여 여기저기 곰팡이가 핀 벽지에 떨어지는 물을 받는 양동이도 군데군데 세워져 있었다. 그리고는 못 본척하며 산다며 그들의 사연이 시작되었다. 집에 곰팡이가 너무 많이 피어 있어서, 그리고 집을 둘러보기 바빠서 나는 도저히 고구마를 먹을 수가 없었다. 오히려 그녀의 하소연만 듣고는 집을 나왔다.

전업 부동산 투자자의 가족으로 산다는 것

우리는 또다시 누수를 잡아주는 업자를 찾아 나섰다. 방수 페인트도 다시 발라보고 천장도 다 뜯었다. 그렇게 1년이 지난다. 천장 없이 1년이 지난 후 그 집은 매도가 된다. 매도는 갑작스럽게 이루어진다. 일단은 우리도 누수가 되지 않는다는 판단 하에 매도를 한 것이다.

매수자는 외국인으로 우리나라에 정착해서 살던 사람이었는데, 우리는 수리가 완벽히 되었다는 것을 확인시켜주고 아주 저렴한 값에 매도를 하였다. 대출금도 안 되는 금액으로 손해를 확실하게 본 것이다. 그러나 그렇게라도 팔린 것에 안도의 기도를 올렸다. 비가 오기 전까지는 말이다.

비가 왔다. 비가 안 새는 것을 확인하고 팔았으니 괜찮다고 생각했다. 그러나 누수라는 것은 신기하게도 물길이 막히자 다른 곳으로 경유하여 새로운 물길을 만들어 물이 또 줄줄 새기 시작했다.

우리는 집을 매도하며 매수자에게 누수가 있다고 확인을 해주긴 했다. 그러나 매도 후 6개월간 누수 같은 큰 하자에 대해서는 매도자가 책임을 져야 하기 때문에, 누수 수리를 요청하는 것이 당연하다고 여겼다.

그러나 수리를 시도하던 누수 업자는 손을 들고 만다. 다시 누수와의 싸움이 시작되었다. 비만 오면 매수자에게 전화가 오니 나중에는 비가 먼저 올 것인지 전화가 먼저 올 것인지 구분이 안 갈 때쯤, 벽이 썩어서 부엌 상부장이 바닥으로 떨어졌다고 연락이 왔다. 그 집은 우리 애들 같은 애기들도 있는 집이었다. 돈을 많이 줘서라도 이 문제를 해결하고자 업자에게 계약서를 쓰고 또다시 공사에 들어간다.

'누수가 생길 경우 누수 전문가가 누수가 더 이상 안 생길 때까지 모든 책임을 진다.' 우리도 승부수를 던진 것이다.

소개를 받은 전문가는 많은 금액을 요구했지만, 이제야 만난 것에 억울함이 들 정도로 문제를 완벽하게 처리해줬다. 그러나 전문가는 말했다. "이 집은 지진으로 벽에 얇은 금이 알게 모르게 많이 가있으니, 누수는 어쩔 수 없어요"라고 말이다.

이렇게 남편의 구축 빌라 투자는 지긋지긋한 악몽으로 끝난다. 그러나 이 건만이 특별한 케이스였던 것은 아니다. 2016년 8월, 남편이 투자에 관심을 가지고 지방 소도시의 땅을 구매했었다. 3억에 대출이 2억으로, 이자는 월 70만 원이었다. 아무것도 없는 땅의 이자가 70만 원이라는 것은 당시 한 달에 세후 220만 원 버는 남편에게 부담이 됐다. 그러나 그 땅은 신규로 조성된 택지지구에서 5분 정도 거리에 있는 양지바른 과수원이었다. 옆에 개울도 흐르고 산에서 내려오는 신선한 공기가 남편의 마음을 부추겼다. 여기를 전원주택지로 개발하여 팔 수 있다면 꼭 성공하리라 확신했다.

계약하고 난 뒤 잔금을 치르기 2주 전, 뉴스에도 자주 등장하던 사드THAAD가 위치를 바꿔 남편이 산 토지 2킬로미터 근방에 설치될 거라는 소문이 돌았다. 잔금을 치러 소유권을 이전받는 게 맞는지 고민이 된 남편은 거래를 한 부동산 소장님에게 물어보았다. "사드 위치가 변경되어 이 근방으로 오는 게 맞나요?" 그러자 부동산 소장님은 대수롭지 않게 "나라에서 하기로 한 사업이 손바닥 뒤집듯이 바뀔 수 있겠냐"며 남편의 불안을 별거 아니라는 듯이 취급하였다.

남편은 그 말을 믿고 싶어서라도 잔금을 치렀다. 왜냐하면 계약금 3천만 원을 도저히 포기할 수 없었기 때문이다. 그런데 잔금을 모두 주고 나자, 사드는 정말로 남편이 산 땅 근처로 이전해 왔다. 눈앞이 아찔했다. 그리고 새빨간 현수막이 그 동네를 뒤덮었다.

방법이 없는 것에 남편은 참담했다. 할 수 있는 건 지켜보는 것뿐이어서 매주 그곳을 방문했는데, 현수막 개수만 늘어날 뿐이었다. 그리고 그 땅은 이자를 대략 3,300만 원 내고 나서야 매수한 가격도 받지 못하고 아주 헐값에 매도되었다. 매도될 때까지 남편은 부동산 소장님에게 이자 내다가 죽겠다고 협박도 하고, 먹고 살 길이 막막하다 애걸도 하고, 사무실에 찾아가 해가 질 때까지 앉아 있으며 얻어낸 것이 장장 3년에 걸친 매도였다. 처음 운 좋게 땅으로 투자하여 얻어낸 이득을 모두 반환한 것과 다름없다.

지금은 사람들이 성공한 투자자로 추켜 세워주지만, 남편 역시 이렇게 예상하지 못한 변수로 실패도 많이 했다. 잘 고르고 선택했어도 실패할 수 있다. 나라의 사업이라던지 지진으로 인한 누수를 누가 예상 할 수 있겠는가.

10번 실패하고 1번 성공한 사람에게 성공한 사람이라고 말할 수 있을까? 나는 성공한 사람이라 본다. 실패를 10번 해서 포기했다면 실패자이지만, 10번이나 실패해서 드디어 성공한 사람은 역경을 이겨내고 이룩한 부를 손에 쥔 '성공'한 사람이기 때문이다. 남편은 실패를 해도 멈추지 않고 시도한 성공한 사람이다.

내 동생의 신혼집은 어디인가

어린 시절 부모님은 자주 싸우셨고, 내가 초등학교 갓 입학하던 시기에 남이 되셨다. 어머니는 아버지의 의처증에 동생과 나의 손을 잡고 쫓기다시피 야반도주를 강행하였다. 어렵게 탈출했지만 어머니가 갑자기 돈을 많이 벌어올 가능성은 적었다. 역시 근근이 버티며 살아갔다. 애까지 하나도 아니고 둘을 달고, 밤늦게 일하고 와서도 쉴 수 없자 어머니의 신경은 갈수록 날카로워졌다. 여자 혼자서 이만큼 버티는 것도 용하다 싶을 때 어머니는 항복한다. 그리고 우리 자매는 외할머니 손에서 커야 했다.

하나뿐인 여동생과 나는 미우나 좋으나 한편이어야 했던, 소중한 피붙이다. 거기에 덧붙여 고등학교 졸업하자마자 대기업 공장에 정규직으로 취업한 착한 동생이다. 동생은 공부하기 싫어서 대학을 안

갔다고 말하지만 사실은 아닐 것이다. 자신은 대학을 안 갔지만 나의 학비를 내준 고마운 동생이다. 그런 동생이 돌연 내가 결혼한 지 2년 만에 결혼한다고 선전포고를 했다. 동생의 결혼은 정말 갑작스러운 것이었다.

동생은 공장에서 5년간 일했다. 학창 시절 지역에서도 손에 꼽히는, 요즘 단어로 '인싸'였던 동생이다. 밝은 성격 덕분이었는지 회사에서 인사고과는 최고 점수를 받았지만, 취업하고 5년쯤 되자 사람 대하는 게 지치고 힘들다며 정신적인 피로감에 친정이 있는 제주로 완전히 내려왔다. 그러고는 바다와 함께 수양을 쌓기 시작하더니, 몇 달 만에 요가 선생님이 되었다.

새아버지의 직업이 어부다 보니 우리 친정은 제주도의 화려한 관광지와는 결이 다른 곳이다. 어부들이 모여 사는 어촌으로 젊은 사람 자체도 흔하지 않다. 동생은 지독한 집순이지만, 젊은 여자가 요가복을 입고 한 번씩 출몰하니 엄마에게 그렇게 선 자리가 많이 들어왔다. 무엇이든 귀찮다며 동생은 절대 선을 보지 않았는데, 우리 부부가 알콩달콩 사는 모습을 보더니 그제서야 한 번씩 소개팅을 했었다.

2021년 새해를 맞이하며 서른 살이 되는 동생의 신년운세를 봐준 적이 있었다. "올해 결혼 운이 들어왔는데, 이 해를 넘어가면 그다음 결혼 운은 한참 뒤야." 점괘가 맞았는지, 어느 날 동생은 덜컥 결혼을 한다며 선전포고를 하였다. 그렇다고 아무 남자와 결혼한 것은 아

전업 부동산 투자자의 가족으로 산다는 것

니다.

  자기만의 세계관이 있어 간혹 본인 스스로도 감정을 주체하지 못할 때 다투게 되어도 동생의 성격을 전부 받아주고, 화가 나더라도 오히려 엉뚱한 행동을 해서 어이가 없어서 웃게 만드는 착한 남자였다. 또한 경제적으로는 부모님이 지역 유지로 감귤 농사를 크게 짓고, 본인도 안정적인 직장을 가지고 있는 남자였다. 다만 나이가 동생보다 10살 가까이 많아서 처음에는 심하게 반대를 했었다. 하지만 나중에는 최고의 제부라고 자랑하고 다녔다.

  그 시골에서 둘이 얼마나 깨소금을 볶으며 연애를 했던지, 처음에는 좁디좁은 동네에 동생이 꽃뱀이라는 소문이 즐비했었다. 그도 그럴 것이 마흔이 다 되어가는 제부에게 동네 사람들이 서서히 제부의 결혼을 걱정하며 국제결혼 제의까지 했다는데, 갑자기 웬 20대 미모의 요가 선생님이랑 결혼을 한다고 하니 아무도 믿지 않은 것이다. 제부 본인조차 아직까지 믿어지지 않는다고 동생을 보물 다루듯이 소중히 대해준다.

  동생은 아침 요가 수업 갈 때 겨우 일어나 '세수를 하고 갈까 그냥 갈까'가 하루에서 가장 큰 고민거리인 하루살이였고, 제부는 부모님의 감귤 농사를 일과 병행하며 돕기에도 바쁜 사람이었다. 재테크에 전혀 관심이 없던 두 사람 모두 남편을 통해 재테크를 알게 됐다는 공통점이 있다. 그러나 약간의 차이가 있다면, 동생이 제부보다 먼저 남편을 봐 왔다는 것이다.

동생은 원래 남편이 무슨 말이라도 하면 하늘에서 내려온 계시 마냥 이상하게도 절대적으로 믿고 따랐다. 그런데 본인의 결혼을 앞두고 말은 안 했지만 걱정이 많았던 모양이다. 제부가 나이가 있으니 아이도 빨리 가지고 싶은데, 그렇게 되면 본인의 직업 특성상 임신을 하게 되면 일을 할 수가 없으니 분명 외벌이로 생활을 이어갈 수밖에 없다. 그럼 뻔하다. 절약을 해야겠지만 저축도 할 수 없는 모습이 동생의 눈앞에 아른거리던 참이었다. 그러던 차에 드디어 남편에서 "이 아파트에 투자하세요!"라는 계시가 내려 왔으니, 동생은 결혼하면서 꼭 투자를 해보고 싶어 했다.

제부는 당시에는 절대 아니라고 했지만, 남편과 처음 만났을 때 실은 남편이 육지에서 온 사기꾼으로 보였다고 한다. 그도 그럴 것이 결혼한다고 하자, 결혼할 여자의 친언니도 아니고 친언니의 남편이 다음날 제주로 왔다. 그리고는 만나자마자 지출 내역을 적으라며 다그쳤다. 제부는 어영부영 시키는 대로 적었다. 그 내역을 보고 마음 아파하는 30대 초반의 남자는 내일모레 40을 앞둔 제부의 미래를 심혈을 다해 같이 걱정했다.

제부로서는 살면서 난생처음 겪어본 일이다. 풍족하지는 않아도 나름 남한테 아쉬운 소리는 하지 않고 살아왔는데, 자기의 지출 내역을 보더니 측은하다는 듯이 바라보는 남자의 눈빛이 진실돼 보이기는 했다. 제부는 자기도 모르게 분위기에 휩쓸려, 결혼할 여자의 친언니의 남편이라는 사람이 하라는 대로 하고는 있었다. 그러나 슬그머니 부동산 투자에 대해서 권유하는 것이 한번쯤은 들어봤을 법한 다단계 수법과 유사한 패턴이었다.

제주도는 아파트라는 개념 자체가 거의 없다. 특히 제주시가 아니면 그 외 지역은 빌라가 아파트라고 불린다. 남편은 제부에게 실거주할 제주도 신혼집 외에, 투자 목적으로 육지에 아파트를 매수하라고 설득했다. 제주도 토박이인 사람에게 가본 적도 없는 육지의 보지도 못한 아파트를 사라고 하다니, 그 자리를 박차고 뛰쳐나오지 않은 것만으로도 제부는 동생을 사랑했다 증명할 수 있다.

그렇게 남편과 나는 고민해 보겠다던 제부의 결단을 기다리고 있었다. 그러나 소식이 없자 애가 타서 더 이상 참지 못하고 우리 부부는 아이를 업고 친정으로 우르르 내려왔다. 그리고는 결혼도 아직 하기 전인 제부를 다시 앉혀놓고, 투자에 대해서 며칠이고 설득하기 시작했다. 그리고는 끝내 승낙을 받아냈다.

제부가 육지 아파트의 투자 승낙을 한 이유는 처음 남편이 홀로 방문하여 자신의 월급에 대하여 지출 내역을 확인시켜준 후, 꼭 읽어 보라고 신신당부하며 쥐어 준 책 한 권 때문이었다. 책은《부자 아빠 가난한 아빠》였는데, 도저히 안 읽어 볼 수 없어서 읽었다. 그 책을 읽고 제부의 생각은 '어떻게든 되겠지'에서 '이렇게는 안 되겠구나'라며 겁이 덜컥 났다. 그게 시작이었다.

일은 그렇게 톱니바퀴 맞물리듯이 진행되었다. 월급에 대한 본인의 위치를 확인하고 책을 읽으며 방향을 설정했지만, 길이 막막해 곁돌다가 포기를 고민해야 할 참에 남편이 따라오라며 손을 내미니, 그 손에 이끌려 앞으로 전진할 수 있었다.

아무리 그래도 어떻게 두어 번 본 사람 말을 믿고 제주도 토박이가 육지 아파트를 덜컥 계약할 수 있었던 베이스는 일단 사랑도 사랑이지만, 그보다 우위에 있는 '제부의 단독 명의'라는 점 때문이었으리라 짐작한다.

결정을 하자 문제는 많았지만 해결 못할 문제는 없었다. 첫 번째로는 동생의 시부모님이었다. 결혼 못하던 아들이 갑자기 여자 말 듣고 육지에 있는 아파트를 산다고 하면 당연히 누가 허락을 하겠는가? 그래서 육지 아파트를 사는 건 부모님께는 일단 비밀로 하기로 했다. 그 비밀을 지키기 위해서 제부는 무주택자가 되어야 했다. 그래서 제주도의 현 신혼집은 시부모님의 자금을 많이 보태어 사는 것이니, 시부모님 명의로 사는 것이 맞다는 명분을 내세워 동생 시부모님 명의로 매수하게 하였다. 지금 생각해보면 제부는 분명 도전이자 일탈을 한 것이 분명하다.

두 번째로는 돈이었다. 적금을 도저히 깰 수 없어 신용대출을 받았다. 그리고 모자란 돈은 동생의 결혼 자금으로 문제를 해결한다.

세 번째로는 잘 모른다는 점이다. 제부는 귤에 뿌리는 농약은 동네 누구보다도 제일 선구자지만, 부동산은 전혀 모른다. 그 점은 계약서 쓸 때부터 잔금을 받을 때까지 남편이 제부 옆에서 철벽 마크를 했으니 문제될 것이 없었다.

그렇게 동생과 제부는 결혼도 하기 전 광역시의 핵심 입지에 위치한 학군지의 아파트를 구매한다. 그 아파트 바로 옆에는 소위 대장 아파트라고 불리는 아파트가 있었는데, 대장 아파트의 가격이 폭등하고 있는 시점에 바로 옆 아파트는 구축이라는 이유로 가격대가 아직 큰 상승을 하지 못하고 있었다. 남편은 이 아파트를 권유했다.

모든 문제를 해결했다고 난관이 없었던 것은 아니다. 처음 예상과 달리 전세입자가 구해지지 않아서 주택담보대출을 받았는데, 보름 만에 전세입자를 구하는 바람에 중도상환 수수료만 몇 백만 원을 울며 겨자 먹기로 내야했다. 또 처음 계획하던 것과 달리 전세가 저렴하게 나가는 바람에 전세금과 매수금액의 갭 차이가 더 벌어졌다. 거기에 조정지역이 지정되는 바람에 폭발적인 상승도 맛보지 못했다.

다른 사람도 아닌 내 친동생이 결혼하면서 우리 부부가 준 투자처였다. 가격은 조금씩 상승했지만 그렇다고 우리 부부가 생각하는 가격에 비해서는 아직은 미미한 수준이다. 그런데 되레 동생 결혼식 뒤풀이에서 만난 동생 친구들에게 알려준 투자처가 급상승했다. 돈이 없어서 아이를 못 가지겠다는 동생 친구의 사연에 남편은 도와주고 싶은 마음으로 유망한 아파트를 몇 개를 투자처로 알려줬다. 남편은 보통 아파트 추천은 잘 하지 않는 편인데, 마침 뒤풀이에 온 친구들이 거주하는 지역의 분위기가 좋아져서 잘 알고 있는 동네였기 때문에 가볍게 이야기 해 준 것이었다. 곧바로 겁도 없이 신용대출을 받아와서는 그 길로 그 아파트를 구매한 동생 친구는 투자금액 대비 300% 넘게 수익을 얻게 된다.

이렇게 되니 우리 부부가 조급함이 생기는 것은 말로 할 수 없다. 하물며 동생이 산 아파트 빼고 주위 아파트 모두 신고가를 달성하였다. 나조차 숙연해지는 마음이 많이 들던 차였다.

그러다 사건이 생겼다. 동생의 시댁에서 제부가 육지에 아파트를 샀다는 사실을 알게 된 것이다. 사건의 경위는 재산세 고지서가 집으로 온 것인데, 아직 혼인신고를 하지 않았던 제부는 신혼집으로 전입하지 않은 상태였다. 때문에 고지서가 등기로 본가로 왔다. 농사를 천직으로 여기며 사시는 제부의 부모님은 재산도 없는 내 아들의 재산세 고지서가 떡하니 나왔으니 경악을 금치 못하셨다.

제부는 사십 언저리에서 학창 시절 성적표를 숨기다 걸린 사춘기 소년으로 되돌아가 열심히 둘러대기 시작했다. 결론은 무조건 "괜찮다"였지만, 괜찮다는 말이 전혀 괜찮지 않은 부모님에게 "신경 쓰지 마라"로 일단락 시킨다.

지금 생각해봐도 제부 부모님 입장에선 걱정할 만하다. 아들이 마흔 언저리가 다 되어 장가가는 거지만, 이 동네는 애 하나 낳고 도망 갔다는 외국인 신부 이야기를 어렵지 않게 접할 수 있다. 그런데 결혼 도 하기 전에 가본 적도 없는 지역의 아파트를 샀다며 재산세 내라고 고지서가 떡하니 나왔으니 부모님 입장에서는 억장이 무너질 수밖에 없다.

그래서 제부 부모님은 다시 한 번 동생과 제부를 앉혀놓고 식사를 하면서 이야기를 꺼내셨다. 분명 제부의 믿음 안 가는 "괜찮다"라는 말에 마음 졸여가며 망설이고 망설이다 말씀을 꺼내신 것이다. 시부 모님이 흔들리는 눈빛으로 동생을 바라보자, 거기서 동생은 당당하 게 고개를 치켜들며 말한다. "벌써 아파트 가격은 많이 올랐어요. 그 러니 걱정하지 마세요." 동생의 말에도 역시나 의심의 눈초리는 걷어 들이지 않았지만, 동생의 시부모님은 더 이상 육지 아파트를 산 것에 대해서 일절 말씀을 꺼내지 않으셨다.

아마 동생이 무슨 말을 하더라도 지은지 10년이 넘은 아파트의 가 격이 10억에 육박한 것을 시부모님은 이해하지 못할 것이다. 그래도 가격이 계속 상승 중이기에 웃으며 넘어간 해프닝이 되었다.

제부는 아직까지 그 아파트를 매도하지 않았지만, 나는 그 집이 동 생 부부의 시작이 될 것이라는 걸 확신한다. 동생이 웃으며 말한다. "재주는 곰이 부리고 돈은 사람이 받는다더니, 나는 언니랑 형부 덕 에 행복해"라고 말이다.

전업 투자자 남편이 가르쳐준
투자 비법

원래 남편은 말하는 것을 좋아하는데다가 잘하기까지 한다. 저 혀 놀림에 속아서 사귄 지 6개월 만에 결혼을 약속했으니, 남편은 입이 살아 있는 사람이다. 그래서 자기가 알게 된 비법을 내게도 곧잘 몇 시간이고 가르쳐 주는데, 문제는 옆에서 내가 듣든 말든 계속한다는 것이다. 거의 열에 아홉은 듣는 둥 마는 둥 한다.

처음부터 이랬던 것은 아니다. 남편이 저평가된 아파트를 찾는 법이라든지 기대수익 평가법 같은 '비기'에는 나 역시 입이 벌어질 수밖에 없다. 특히 아파트 시세를 복기하면서 맞아 떨어지는 걸 처음 볼 때는 살이 떨리고 눈이 돌아갔다. 그래서 초반에는 열정을 가지고 경청도 하고 질문도 곧잘 잘하는 부동산 초심자였다. 그러나 '내가 알아도 소용이 없다'라는 생각이 들기 시작하면서 차츰 관심이 옅어졌다.

그리고 궁금한 걸 물어보면 툭하고 다 나오니, 결괏값을 찾는 과정보다는 그저 궁금해서 "그래서 그 아파트 값이 얼만데?" 하는 질문이 습관처럼 툭툭 나온다.

그러나 주위 사람들은 부동산에 대해 당연히 나도 남편만큼 잘 알 거라고 생각한다. 아니면 남편에게 물어봐 주겠거니 하고 나에게 물어보는지도 모르겠다. 그러나 투자 견해에 대해서 혀를 내두르는 비상함을 가지고 있는 남편에게 마냥 편히 얹혀 가는 사람처럼 보이는 것은 싫다.

남편에게는 남들이 투자한 아파트의 '예상 매도금액'을 절대 함부로 가르쳐주지 말라고 신신당부하지만, 그것과는 별개로 내가 묻는 것에 바로바로 답변이 안 나오면 도깨비 같은 와이프의 불호령에 남편은 몰매를 맞는다. 한 번씩 대답해주지 않고 비싼 척 간을 보는 날에는 남편은 저녁밥도 못 얻어먹는다. 남한테는 절대 안 되지만, 나에게는 무조건 오케이 하라는 나의 터무니없는 요구에도 남편은 순순히 응해준다.

2022년이 되자 코로나19는 더욱 창궐했고, 주말마다 시간을 때우기 좋은 카페 나들이가 사라졌다. 그래서 멀리 떨어져서 자주 보지 못하는 친척 집을 가끔 방문하곤 했다. 남편은 운전하고 나는 옆자리에 편히 앉아 고속도로를 달리다 보면 미안해서 잠은 못 자겠고, 휴대폰보다가 멀미가 나서 그조차 못할 때면 멀리 보이는 풍경을 보며 속을 달랜다. 그러다 보면 고속도로 양옆으로 아파트가 눈에 들어온다. 아파트마다 "여기 얼마야? 올라? 얼마까지?" 대뜸 맡겨놓은 것처럼 남편에게 물어댄다. 남편은 전국 아파트 시세를 매일 업데이트를 하기 때문에 웬만해서는 바로 답변을 해주지만, 기억이 나지 않는 곳은 운전하다가도 주정차 할 수 있는 가장 가까운 곳을 찾아 차를 세우고 좁디좁은 휴대폰 화면을 뚫어지게 쳐다본 뒤 곧바로 답변을 해주는 편이다.

마치 질문이라는 동전을 넣으니 시원한 사이다 같은 답변이 시세 예상 자판기에서 와르르 쏟아지는데, 질문을 하면 할수록 남편과 도란도란 이야기하는 것이 재미있어서 계속 재잘거린다. 그러나 남편은 운전하면서 대답하기 곤란할 때가 한두 번이 아니어서 못마땅해했다. '지금 꼭 알아야 해?'라는 눈빛으로 노려보더니 '너도 한번 당해봐라, 이게 쉬운 지!' 하는 못된 마음을 가지고서는 갑자기 다정한 척 웃는다. 그리고는 가장 쉬운 시세 평가법이라며 친절하게 가르쳐준다. 평소에도 아파트 투자 강의를 하는 남편의 직업병일 것이다. 남편이 물었다.

"저평가된 아파트의 기준이 뭐야?"

"당신이 산 아파트들이 저평가지."

내가 당당하게 대답하자 남편이 어이없다며 웃는다. 나는 신이 나서 한 번쯤 들어봤던 부동산 지식을 총동원했다. 남편은 내 이야기에

끼어들지 않고 끝까지 듣더니, 공급물량이 많으면 가격이 하락한다는 내 말은 맞을 수도, 틀릴 수도 있다고 대답했다.

　부동산 투자라는 것이 당연히 심플하게 정답이 딱 떨어지는 것은 아니지만 보통 그 지역의 경기에 대해서, 공급물량은 이래서, 전세랑 매매가의 가격 차이가 많이 나지 않고 시중에 유동성이 풍부해서, 앞 동과 뒷동의 매매 가격 차이가 많이 나서 등등 복합적인 이유가 층층이 쌓여있다.

　투자자인 지인과 남편이 함께 식사하며 나눈 이야기만 봐도 알 수 있다. 투자할 때 어떤 기준을 가지고 매수하냐고 뜬금없이 묻자 지인에게서 '누가 뭐라 해도 투자의 핵심 키워드는 수급'이라는 답변이 돌아왔다. 수급이라는 것은 '수요와 공급'을 줄여서 수급이라고 하는데, 지역마다 꾸준히 집을 사야만 하는 사람들이 있다. 공급물량이라는 것은 입주 예정인 새 아파트의 수를 말하는데, 필요한 사람들은 있는데 주어지는 것이 적다면 가격은 오를 수밖에 없다. 그래서 그 지역에 몇 년간 공급물량이 없는 것을 보고 투자를 하는 사람들이 있다.

　지인 또한 최소 2년 동안은 공급물량이 없는지 확인 후 한 번 거른다. 우리 부부는 다시 물었다. "그럼 울산은 2023년까지 공급물량이 적은데, 2021년 10월로 돌아갈 수 있다면 울산의 부동산을 매수할 수 있으세요?" 이 질문에 대해서는 '무조건 공급물량이 정답은 아니라며' 손사래를 쳤다. 왜냐하면 공급물량을 확인하여 거른 선택지에서 한 번 더 지역 경기나 그 지역의 인구수를 보고 거르기 때문이다.

남편은 계속해서 질문을 퍼부었다. "지역 경기가 비슷하고 인구수가 감소하는 지역이 있다면 어떻게 하실 거예요?"라고 묻자 곰곰이 생각을 하던 지인은 '좀 더 큰 도시가 안정적이라며, 울산과 포항을 예를 들어선 울산에 투자하는 게 맞다'고 하였다.

우리 부부는 대단하다고 박수를 치면서 마지막으로 물었다. "그 결정에 100% 확신하세요?" 그러자 돌아온 답은 맥이 빠진다. "확신이라기보단 내가 알고 있는 거의 모든 변수를 고려한 거예요." 지인은 이런저런 많은 이유를 이야기했지만, 그분 역시 그것이 최선이지 확신은 아니었다.

많은 투자자들이 실제 이와 같은 맥락으로 투자한다. 그래서 그런지 주식을 매수하고 매일 시세 확인을 하는 것처럼 부동산 시세 창과 함께 하루를 여는 사람이 많다. 이쯤 되면 투자라기보다 확률 게임을 하는 것과 같다는 생각이 들었다. 왜냐하면 지인이 제일 처음 내민 공급물량조차도 "공급물량이 적으면 부동산 가격은 상승한다"에 대해 검증해보면, 반대로 "공급물량이 많으면 부동산 가격은 하락한다"도 맞는 말이어야 한다.

하지만 2019년도 부산광역시의 공급물량은 약 10년간의 공급물량 중에서 가장 많은 해였고, 향후 공급 예정 물량 역시도 약 10년간의 평균 공급물량보다 훨씬 높은 상태였다. 부산광역시의 부동산 가격은 그 많은 공급물량에도 불구하고 2019년 하반기 반등하기 시작했다. 혹자는 부산광역시 안에서도 가장 상급지인 해운대구의 공급물량이 적었기 때문에 부동산 가격이 상승했다고 한다. 또한 2019년 하반기 조정지역 해제라는 이슈가 존재해서 가격 상승에 한몫 거들었다고도 한다.

어찌 되었든 "공급물량이 많으면 부동산 가격은 하락한다"라는 말은 "사과가 바닥으로 떨어진다"는 것처럼 항상 100% 맞는 명제가 아니다. 남편은 "공급물량이 많으면 부동산 가격은 하락한다"는 말이 맞지 않은 경우가 많기 때문에, 내 말은 맞을 수도 있고 틀릴 수도 있는 말이라고 한 것이다. 그리고는 "공급물량이 많아도 상승할 수 있다"와 "많은 공급물량은 임대가 하락을 야기하는 것은 분명하다"고 덧붙였다.

그럼 저평가 기준은 무엇이냐고 재촉하는 나에게 말만 들어도 어려워 보이는 '상대적 가치 평가'라는 것을 들이밀었다. 내가 흥미를 잃을까봐 무조건 아주 쉬운 방법이라고만 강조하는 것이 귀여워 보여서 어서 얘기해 해보라고 손짓했다. 남편은 이제부터는 자기에게 물어보지 말고 아이가 둘인 엄마로서 가장이 될 상황이 생길 것을 대비해야 한다며 사뭇 진지하게 엄포를 놓는다.

남편이 가장 쉽다고, 일단 듣기만 해달라고 했던 내용은 바로 '인구수와 지역적 특징을 이용한 시세 평가법'이었다. 지역적 특징이란 것은 대장 아파트가 위치한 곳의 개수를 뜻하는데, 이것을 인구수와 접목하면 쉽게 저평가된 지역을 알 수 있다.

　남편은 내가 알기 쉽게 가까운 지역을 예로 들었다. 대구광역시의 인구는 약 240만 명, 부산광역시의 인구는 약 335만 명이다. 인구수만 보자면 부산의 인구가 대구보다 약 95만 명이나 많다. 95만 명이라는 것은 광역시 인구 기준이 되는 100만 명 정도만큼 더 많은 것이다. 그러니 광역시가 하나 더 있다 볼 수 있을 만큼 부산은 대구에 비해 인구가 상당히 많다. 그러나 대구와 부산은 지역 내 평당 가격이 가장 높은 아파트인 대장 아파트가 있는 동네의 숫자가 다르다.

　먼저 부산광역시는 해운대구, 수영구, 동래구, 남구 줄여서 '해수동남'이라 부르는 핵심 지역들이 존재한다. 과거에는 '해수동'까지 핵심 지역이라 했지만, 남구의 재개발·재건축이 많아지면서 입지의 가치가 달라지고 있다. 특히 남구 용호동에 위치한 W는 해운대구에서 가장 비싼 아파트의 평당가만큼 바짝 추격하고 있는 정도다. 부산은 맛있는 음식도 많고, 사람도 많으며, 비싼 아파트도 많다는 생각에 고개를 끄덕거렸다.

　반대로 대구의 핵심 지역은 시군구 단위가 아니라, '범4만3'이라고 불리는 동 하나이다. 이 지역은 학군지로도 유명하다. 지역 내 한 고등학교는 전국에서도 손에 꼽힐 만큼 의대를 보내며, 지역의 면학 분위기는 전국에서도 손꼽을 정도라고 하니 말이다. 그래서 대구의 모든 학부모들은 '범4만3'이라고 불리는 범어4동과 만촌3동을 가장 선호하며, 그곳을 대체할 수 있는 곳은 대구광역시 내에 없다고 하나같이 입을 모아 말을 한다.

대구의 240만 인구가 수성구 내 범어4동, 만촌3동을 살 수 있는 수요의 절대치는 부산의 가장 좋은 아파트를 살 수 있는 수요보다 선택지가 적다. 그래서 과거의 시세를 장기적으로 평균 내보면 대구와 부산의 대장 아파트는 지역의 인구수의 차이가 크지만 시세는 엇비슷한 수준으로 비교된다.

지역적 특성을 이해하면 당연한 것이겠지만, 나에게는 당연하지 않은 이야기였다. 그러자 남편은 또 다른 지역을 예를 들어주었다. 바로 제주도이다. 친정이 제주도라서 나는 사람 많은 관광지는 흥미가 없다. 제주도에 가면 뭐 먹을지가 가장 큰 고민이니, 인구수가 얼만지 가장 비싼 아파트가 어딘지도 모른다. '대략 제주시겠다' 정도 생각한다. 그러나 남편이 알려준 제주도 인구는 67만 명이나 되었다. 천안시 65만 명, 전주시 65만 명 인구와 유사한 수준이라고 덧붙이는데, 젊은 사람 구경하기 힘든 친정 동네를 생각하면 깜짝 놀랄 숫자였다.

촌집만 다닥다닥 붙어서 아파트 구경도 하기 힘든 곳인데, 그곳은 되레 신축 빌라에 들어가서 살고 싶은 사람은 적은 역설적인 곳이다. 과연 이 지역의 대장 아파트들 가격은 어떨까? 참고로 천안의 대장 아파트는 '신불당'이라 불리는 신규 택지지구로 평당가의 평균이

2,500만 원 수준이고, 전주의 대장 아파트는 혁신도시의 대방 디엠시티라 불리는 대장 아파트의 평당가는 2,500만 원 수준이다.

그런데 놀랍게도 남편의 입에서 나온 현재 제주의 대장 아파트는 노형 아이파크 2차로 평당가는 3,500만 원 정도라고 했다. 왜 인구수가 비슷한데 차이가 나는지에 대해 '제주도 땅값이 온천지 거품이라더니 그래서 그렇구나!'라고 생각했지만 틀렸다. 바로 대장 아파트가 위치한 지역의 특성 차이였다.

제주도의 대장 아파트가 위치한 곳은 제주공항 바로 남쪽으로, 고도 제한이 걸려있어 최근 특별법으로 지어진 드림타워를 제외하고 15층 정도라고 한다. 평균적으로 내륙에서는 대장 아파트의 층수가 25층 정도인 것을 감안하면 15층은 25층의 70% 정도 수준이다. 하지만 대장 아파트를 살 수 있는 인구수가 비슷하다면 제주도에 공급되는 아파트는 부족한 셈이다.

비슷한 인구수를 가져 가장 비싼 아파트를 살 수 있는 수요의 양도 비슷한데, 고도 제한과 지역적 특성으로 인해 15층 이하의 대단지 공급이 불가능한 제주도의 대장 아파트 공급 수준은 엄밀히 말해 다른 지역과 다르다. 단순하게는 25층의 구조를 가진 천안, 전주에 비해 제주의 아파트는 15층으로 공급이 30% 적은 셈이니 말이다.

거기까지 이야기가 흐르자 남편은 제주도의 대장 아파트 평당가에 비해 전주, 천안의 대장 아파트의 평당가는 약 30% 정도 저렴하게

전업 부동산 투자자의 가족으로 산다는 것

형성된다는 결론을 내려줬다. 즉, 3,500만 원×70%를 했을 때 2,450만 원이 나온다. 얼추 지금 각 지역별 대장 아파트들의 평당가격 시세와 들어맞는 것이다.

이렇게 이 지역들의 대장 아파트들 시세를 가지고 저평가 지역을 찾을 수 있고, 저평가된 지역의 대장 아파트 급매만 주시해도 된다며 말해놓고 남편은 바로 후회했다. 만약 이혼을 할 경우 내가 잘 먹고 잘 사는 꼴을 보기 싫은 것이다.

아주 쉬우면서도 정말 엄청난 비법이 아닐 수 없다. 그러나 계산기를 사고 나면 바보가 된다는 속설이 있는 공대생처럼 시세 계산기가 눈앞에 있는데 굳이 계산기를 두들기는 노력을 하고 싶지 않다. 열심히 설명해주는 남편에게 대단하다며 치켜세워줬지만, 앞으로 계속 일관성 있게 모르쇠로 남편을 대할 셈이다.

LTV 70%라는 것은 말이야!

우리 부부는 대화를 많이 한다. 둘이 카페에 가서 시계를 보지 않고 이야기를 시작하면 2~3시간은 금방 지나가 버리는데, 대부분 이야기의 쟁점은 일상생활에 관련된 이야기는 아니다.

남편은 평상시에 생각지도 못했던 주제를 내미는데, 제일 기가 막혔던 것은 "미리 죽음을 계획해 보자"며 언제 죽을지 이야기를 나눌 때였다. 그런 남편이 하루는 '국가도 하나의 기업일 뿐이다'라며 음모론 같은 이야기를 꺼내 들었다.

'국가는 기업이고 국민들은 직원이다. 기업이 직원들에게 복지를 해주고, 내가 일해 번 돈을 세금이라는 명목으로 수취해간다'는 게 골자였는데, '복지가 커질수록 누구나 원하는 직장이라며 열광하지만, 실제로 그 복지에 쓰이는 돈은 내가 일해 번 돈으로 만들어지니 이 회사는 내가 벗어날 수 없는 굴레가 되어 내 자식들 또한 물려받아야 하는 회사가 된다'며 비통해했다.

나는 혹시 내가 받을 수 있는 복지가 있을까 싶어서 동사무소 홈페이지를 어슬렁거리다가 남들은 몰라서 못 받는 혜택을 받게 되면 똑똑하게 사는 거 같아 뿌듯해 했다. 그런 나에게 남편이 영화 〈매트릭스〉에서 모든 것을 의심하여 진실을 알게 된 남자 주인공이 할 만한 이야기를 시작하니, '무슨 말을 하고 싶은 건가?'라는 의문이 생겨서 계속 듣게 되었다.

남편은 더 진중한 목소리로 공영방송국은 사내 일보이고, 보건소는 내가 건강해야 일을 할 수 있으니 다시 기업에 이바지할 수 있는 몸 상태를 만들어 주는 곳이라며 말도 안 되는 이야기를 이어갔다. 〈매트릭스〉의 주인공은 세상이 프로그램이라는 것을 알게 되어 세상이 0과 1로 보였는데, 남편은 모든 게 돈으로 보이는지 각 개인을 평가하는 은행까지도 인사고과라고 칭하면서 "명분이 좋다"고 했다.

무슨 말이고 하니, 은행은 돈을 빌려주면서 '당신은 얼마를 벌고, 빚은 얼마인지' 하며 한 사람의 능력치를 평가한다. 그래서 남편은 승진과 좌천 그리고 입사까지도 좌지우지하는 한 회사 내에서 대표 다음으로 목소리가 높은 인사과에 은행을 비유했다. 내가 다니는 회사도 인사과를 담당하는 분들은 본부장 급이다. 그래서 그랬는지 은행에 가면 연신 "네"하며 군말 없이 시키는 대로만 하는 내 모습이 설명

되었다. 알게 모르게 은행이라는 권위의 압력에 고개를 조아리는 것이다.

은행은 모든 자본주의의 시작점과 같은 곳이다. 그런데 남편이 국가를 기업에 빗대는 것에 그치지 않고, 은행 또한 기업이라고 생각해 보라고 재촉했다. 사실 난 별생각이 없었다. 은행이 기업이든 아니든 나의 삶에 영향을 끼치지 않는다고 생각했다. 결혼 전에는 빚이라는 것에 괜한 거부감이 들어서 신용카드도 안 만들던 나였고, 일하면서 눈치 보여 평일에 은행도 잘 가지 못했으니 내 일상에 은행은 있으나 없으나 다를 것이 없는 존재였다.

그러나 남편에 의하면, 은행이 기업이라면 기업은 손해를 보는 집단이 아니니 은행 역시 성과를 내어 이익을 창출해야 한다.

"은행이 직원들을 상대로 손해를 보려고 할까? 절대 아니야."

그것을 부동산 투자에 접목하였다. 바로 LTV^Loan to Value이다. 담보물의 가치 대비 얼마나 돈을 차용할 수 있는지를 뜻하는 LTV는 부동산 투자를 하게 되면 꼭 접하게 되는 아주 중요한 대출 규제 중 하나이다. 이글을 쓰는 현재는 거의 모든 지역이 조정대상지역에 속할 만큼 전국적으로 규제가 강하지만, 2020년만 하더라도 광역시 및 그보다 작은 중소도시들은 대부분이 비규제 지역이었다.

그런 비규제 지역에서 LTV는 70%였다. 쉽게 풀어보면 LTV 70%면 아파트 값의 70%를 은행에서 빌려준다는 것인데, 나에게는 크게 중요한 숫자는 아니다. 나에게는 30%라는 숫자가 중요하다. 돈이 30%만 있으면 가지고 싶은 아파트를 가질 수 있다. 필요한 단어는 30%인 것이다. 그러나 남편은 나와 다르게 그 70%에 눈을 번뜩였다.

"집값이 10억일 때 LTV가 70%라는 말은 최대 7억까지 대출을 해주는 거야. 왜냐하면 70%가 은행이 손해 보지 않을 최대치거든."

즉 집값이 10억인 아파트가 경기침체와 대내외 변수로 인해 부동산 하락기를 맞이한다면 '최대 30%만큼 집값이 떨어질 확률이 있다'고 국가에서 판단 내린 것이다. 그것이 LTV 70%라는 것이다.

남편의 말에 나는 코웃음을 쳤다. "그럼 조정지역은 60% 하락할 것을 염려해서 LTV가 40%인 거야?" 바로 쏘아붙였다. 조정대상지역이나 투기과열지역, 매매가 15억 이상인 경우에 아예 대출이 불가능할 정도로 대출 규제가 더 타이트하다. 즉, 필요자금이 훨씬 많이 필요하다는 이야기이다. 그 말은 레버리지를 많이 이용하지 못하게 하는 것이 주요 관점이다.

가격의 상승세가 완연할 때 상방에서 가격의 상승세를 억누르려는 측면으로 규제 지역의 LTV 제한에 대해 바라봐야 하는 것이니, LTV가 40%라고 하락의 여력이 큰 것이라 생각하는 것은 너무 얄팍한 생각이라고 남편은 응수하였다.

하물며 나라가 무너질 뻔한 IMF 시대에도 입지 좋은 지역의 대장 아파트들은 30% 이상 가격이 하락하진 않았고, 그때뿐만 아니더라도 부동산 하락기 때의 하락률을 살펴보면 주요 입지에 상품성이 높은 아파트들의 하락률은 최대 30%를 넘기는 경우를 찾는 것은 거의 불가능하다.

이렇게 나라에서 지정한 비조정 지역 LTV 70%를 주시한다면 하락기 때의 부동산의 매수 타이밍은 국가에서 정해줬다고 봐도 무방할 정도라고 남편은 말한다. 또한 시간이 지날수록, 하락기를 거쳐 갈수록 하락률의 폭은 더 줄어들 확률이 높다. 그 이유는 이런 하락의 밑바닥을 인지하고 있는 수요층이 과거보다 훨씬 더 많아졌기 때문이다. 당장 남편만 하더라도 하락률이 약 20%에 인접하면 매수 가능한 경우의 수에 넣고 관심을 가진다. 그래서 남편은 부동산 하락기가 와도 괜찮다고, 부동산 투기 세력을 잡는다는 뉴스만 나오면 불안해하는 나에게 위로를 전한다.

절대 가격이 더 높은 상품일수록 하락기 때 하락폭이 더욱 크다. 예를 들어 10억짜리 아파트의 하락률이 20%라면 2억이 하락하는 것이고, 5억짜리 아파트의 하락률이 20%라면 1억이 하락하는 것이다. 그래서 하락기 때 진정한 상급지로의 이동이 오히려 쉬워진다는 게 남편의 지론이다. 하락할까 봐 몸을 움츠리는 것보다는 부동산 가격이 하락하는 시점이 오히려 '기회'라고 판단한다.

그러나 상급지의 하락률은 가격 방어를 잘하기에 덜 떨어진다. 한 지역 내에서도 상급지냐 하급지냐에 따라 하락률이 차이가 나니, 꾸준히 급지를 나누고 대표하는 아파트들의 하락률을 체크하면 매수 타이밍을 잡을 수 있다고 말한다. 일찍 일어난 새는 벌레를 잡지만, 일찍 일어나서 부지런히 시세를 체크하면 급매를 잡을 수 있으니 이보다 공평한 것은 없다.

이런 남편이 주식에도 열을 올린 적이 있다. 당연히 돈을 넣고 실제로 투자하지는 않았다. 그러나 실제로 코스피에서 시가총액 상위 200 종목에서 최근 1년간 전고점 대비 하락률을 정리했더니 하락률이 30%가 넘는 섹터가 거의 없고, 가끔 그런 섹터에서 가장 좋은 회사를 선택하면 시간과 비례해서 다시금 키 맞추기를 하였다. 이게 주식 전문가들이 말하는 순환매인 것 같다며 자랑스레 이야기했다. 최근에는 주식시장이 안 좋아지면서 그의 지론은 스쳐 가는 하나의 가설로 남아버렸지만 말이다.

하지만 내가 '주식하면 무조건 이혼'이라고 강경하게 선을 그었더니, 이혼은 안 된다며 한 번씩 자기가 생각하는 데로 시세가 흘러가는지 보는 정도로만 그쳤다. 가끔 배당주를 모으는 시어머니에게 훈수를 두지만, 그 정도는 내가 양보한다.

자본시장을 이해하기 위해 노력하는 남편의 모습을 처음 봤을 때는 '애들이나 더 보지 할 일도 참 없다'고 생각했지만, 계속 듣다 보면 혀를 내두를 수밖에 없다. 최근에는 코인의 하락률도 점검하기 시작했는데, 미국에서 비트코인을 활용한 대출 상품이 출시 예정이고, 국내에도 준비 중이라는 얘기를 들었다. 비트코인의 LTV는 50%가 될 예정이라고 한다.

이미 국내외 금융기관에서 비트코인 하락에 대한 검증을 마쳤다고 봐도 무방한 부분이 아닐까라고 눈을 반짝이는 남편을 보며 "누구는 코인으로 집 평수를 바꿨다"는 이야기를 들은 게 생각나서 남편 따라 어설프게 코인 검색을 해보기도 했다.

그러나 얼마 전 꿈을 좇아 패기 있게 퇴사 후 카페를 차렸던 직장 동료가 생각나서 멈칫하게 되었다. 그녀는 손에 닿은 것들을 보기 좋게 정리를 잘했고, 항의도 남이 듣기 좋게 잘하던 사람이었다. 회사에서도 분명 인정받는 그녀였는데 결혼을 기점으로 회사를 그만두고 카페를 차렸다. 나와의 나이 차이는 8살이었지만, 그녀의 행복 바이러스에 매료돼 스스럼없이 지냈다. 그러다가 나 또한 결혼을 하고 코로나 시국으로 3년 가까이 소식만 간간이 전하고 있었다. 그러다 남편이 그 지역에 계약이 있어 그 김에 그녀가 운영하는 카페에 가벼운 마음으로 찾아갔다가 불쾌한 마음을 가득 안고 나온 것이 떠올랐다.

형식적으로는 부부가 함께 운영하는 카페였다. 솜씨가 좋아 단골이 많은 베이커리 카페여서 오랜만에 만났더라도 그녀는 주방에 들어가서는 빵을 굽느라 정신이 없었다. 그래서 어색하게 음료를 시킨 뒤 일을 보고 오겠다는 남편을 아이와 함께 기다리고 있었다. 혼자 있어야 해서 어색했던 것은 결코 아니었다. 그곳에는 그녀의 남편도 같이 있었기 때문이다. 그녀의 남편 또한 나와 같은 회사 동료였는데, 장난도 곧잘 치던 능글맞은 차장님이었다. 물론 같은 테이블이 아닌 떨어진 테이블에 있었지만 말이다. 함께 운영하지만 그녀의 남편은 거기서 배달을 도와주는 등 소위 '셔터맨'이었다.

그녀의 남편은 그녀가 꿈을 좇아 떠날 때 같이 회사를 떠났다. 그는 날 보더니 "어, 왔어?" 단 한마디를 남기고는 잔뜩 굳은 얼굴로 휴대폰을 보고 있었다. 그러다 한 번씩 통화로 코인 이야기를 하는데, 누가 봐도 코인에 목을 매는 사람이었다. 그러다 남편이 돌아와 가게에 있는 빵을 모조리 구매하여 떠날 때까지 그녀의 남편은 휴대폰만 들여다봤다.

그가 코인에 집중하는 모습에 불쾌한 것이 아니었다. 오랜만에 찾아온 지인 따위는 안중에도 없을 만큼 코인에 중독되어 있던 그 모습이 남편과 겹쳐졌다. 그리고는 남편도 그렇게 될까 봐 덜컥 겁이 나서 눈살을 찌푸리게 되었다.

코인을 점검하는 남편에게 "뭐든 하나만 해"라며 더 이상 이야기를 하고 싶지 않다는 내색을 드러냈다. 그래서 남편은 아직 주 종목인 부동산 투자 하나만 하고 있다.

평당가의 블루오션

2019년부터 가파르게 가격이 오른 아파트들을 보며 '억' 단위는 '억'으로 안 느껴질 때쯤, 남편은 용기가 지나쳐서는 더욱 비싼 아파트를 사기 시작했다. 예전에는 투자해도 매매가가 5억 미만의 갭 투자를 많이 했다면, 요새는 매매가가 5억이면 가장 낮은 정도이다.

투자금액이 억 단위가 훌쩍 넘는 게 다반사이고, 까딱해서 전세입자를 늦게 구하게 되면 주택담보대출을 받는데 조정지역은 매매금액의 40%밖에 대출이 안 되니 예상했던 투자 금액보다 액수가 하염없이 커져갔다. 그래서 돈도 없는데 왜 더 비싼 아파트만 사냐고 타박을 하니 남편은 나에게 물었다.

"계속 비싸다고 하는데 무엇이 비싸다는 거야?"

"아파트 가격이 비싸지!"

남편은 애써 표를 안 내리려고 했지만 답답하다는 듯이 '평당가'에 대해서 이야기하기 시작했다. 평당가는 매매가를 공급면적으로 나누는 것인데, 갑자기 평당가가 무엇인지 이야기하면서 가르치듯이 하니 나의 인내심이 슬슬 바닥을 보이고 있었다. 그때 남편이 물었다.

　"A라는 아파트는 5억이야. 그리고 B라는 아파트는 6억 5천만 원이라면 어떤 아파트가 좋은 아파트야?"

　질문이 끝나자마자 바로 "B 아파트"라고 대답할 수 있었다. 그러자 남편은 똑같은 질문에 조건을 추가했다.

　"A라는 아파트는 25평이고 5억이야. 그리고 B라는 아파트는 50평에 6억 5천만 원이라면 어떤 아파트를 사겠니?"

　질문을 듣자 고민에 빠졌지만 곧 '소형이지만 가격이 50평보다는 저렴한 A라는 아파트가 투자금이 적게 들어갈 터이니 더 투자하기 좋다'고 대답했다. 그러자 남편은 다시 조건을 덧붙였다.

　"A라는 아파트는 2년 된 신축 아파트로 25평이고 5억이야. 그리고 B라는 아파트는 17년 된 구축 아파트인데 50평에 6억 5천만 원이라면 어떤 아파트가 저평가되었니? 물론 입지는 동일해."

　이렇게 묻자 나는 아무 대답을 할 수 없었다. 남편은 걸려들었다는 듯이 바라보더니 은근한 미소를 지었다. 남편의 표정이 왠지 욱하게 만들어 "A 아파트"라고 대답했다. 2년 된 신축 아파트니 당연히 계속 오르고, B아파트는 구축이니 계속 떨어질 것이라며 이유도 자신 있게 말했다. 그러나 남편은 객관적으로 평가하기 위해서는 '평당가'에 대해서 알아야 한다고 말을 막았다.

A아파트의 평당가는 2,000만 원이고, B아파트의 평당가는 1,300만 원이다. 15년 차이에 약 700만 원의 평당가 차이가 난 것을 알 수 있다. 남편의 기준으로 분석했을 때 두 아파트의 15년의 평당가는 700만 원이면 적정한 차이였기에 두 아파트는 저평가된 아파트가 아니었다.

이렇듯 일반적으로 'A아파트는 얼마'라고 평가한다. 요즘 지어진 아파트는 33평형 기준으로 아파트 시세를 말하기도 하지만, 준신축급만 되어도 40평 이상으로만 지어진 아파트뿐 아니라 25평형으로만 지어진 아파트도 있으니 '평형'을 말하지 않고 아파트의 가격을 말하는 것은 오류를 범하는 것과 같다.

남편은 평당가로 아파트를 보면 입지의 순위를 한눈에 알 수 있다며, 요즘에는 평당가의 중요성을 모두 다 알기 때문에 그런 정보를 보기 좋게 제공해 주는 '호갱노노'와 '아실(아파트 실거래가)'이라는 앱도 있다고 휴대폰을 열어서 보여줬다. 그리고는 평당가를 이해한다면 '평수의 차이는 매매가의 차이를 야기한다'는 것을 다시 한 번 강조하더니, 2022년 초에 매수는 허락했다지만 남편이 직접 가서 보지도 않고 덜컥 계약해서 몇 날 며칠이고 "최선을 다하지 않고 있다"는 내 잔소리를 들어야 했던 아파트 이야기를 꺼내 들었다.

그 아파트는 신분당선이 위치한 경기도 지역의 구축 아파트로 34평의 매매 가격과 64평의 매매 가격이 동일하자 남편은 64평형을 매수했다. 누가 봐도 30평 차이가 나는데 매매 가격의 차이가 안 난다면? 사연 있는 매물로 초급매였거나 매도자가 혹시 어리석은 거 아닌가 했지만 두 가지 모두 아니었다.

34평과 64평의 가격 상승률이 과거부터 지금까지 비슷했고, 가격 차이는 20~30% 정도였다. 그러나 34평이 급격하게 상승하더니 64평이 34평의 가격 시차를 따라잡지 못해서 결국 34평과 64평의 시세가 같다는 아이러니한 상황이 생긴 것이다. 매수세가 뜸해진 요즘 분위기이기에 가능한 일이었다. 또한 3년 전에 비해 34평 가격이 2배 넘게 상승했다. 그러자 '이런 구축 아파트가 이렇게 올랐다고? 이 금액을 지불하고는 못 사겠어'라는 심리로 대형 평수는 더더욱 가격 상승을 따라가지 못하였다. 그래서 남편은 저평가된 대형 평수를 보지도 따지지도 않고 매수하게 된다. 이 매물을 많이 사지 못하는 것만을 한탄하며 말이다.

대형 평수는 최근 새로 공급되는 아파트에서 거의 제공하지 않는다. 이유는 작은 면적을 많이 공급하는 것이 건설사에게 이익이며, 또한 큰 평수를 찾는 사람들이 많지 않은 것이 사실이다. 그렇게 대형 평수를 공급하지 않으니 현재는 대형 평수를 사려면 2010년식 미만의 아파트에서 대형 평수를 찾아봐야 하는 처지에 놓였다.

그러나 대형 평수를 선택해야 하는 수요층은 적더라도 존재한다. 또한 코로나로 집에서 지내는 시간이 많아졌기에 같은 가격이라면 조금이라도 넓고 구조가 잘 빠진 집을 찾는 것이 이성적이다. 또한 소득 수준이나 자산이 많을수록 큰 평수를 선호하는 성향도 있기에, 평당가가 높은 지역 중에는 30평형보다 40평형의 평당가가 높은 아파트들도 있다. 단, 수도권 대부분 지역의 대형 평형 평당가는 30평대 평당가보다 낮다.

거기다 대형 평수로 이루어진 아파트는 대지 지분이 중소형 평형이 대부분인 아파트에 비해 훨씬 많다. 그것은 시간이 지나면 리모델링 혹은 재건축의 사업성 부분과 연계하여 아주 좋은 상승의 시너지 효과를 낸다. 때문에 입지가 좋은 구축의 대형 평수가 저평가라면 투자하기에 안성맞춤이다.

남편은 33평형을 고집할 필요도 없고, 다 오른 아파트에도 아직은 투자 여력이 남아 있는 대형 평수가 있다면서 "투자는 평생 해야 한다"며 각오를 다졌다. 그 말에 나도 같이 파이팅을 외치니, 이렇게 또 다시 홀린 듯 남편을 믿게 된다.

5장

아내는 오늘을,
남편은 부의 미래를
본다

남편은 나의 퇴사를 말린다

"퇴사할까?"

갑작스레 한번 물어봤다. 그러자 남편은 목이 꺾일 듯 급하게 날 돌아보더니 휘둥그레한 눈으로 나를 바라본다. 그리곤 이유가 무엇이냐고 묻는다. 처음에는 퇴사 이유를 물어보는 것만으로도 나의 생각과 감정이 공감 받는다는 생각이 들었다. 그래서 이유만 물어봐줘도 반은 마음이 풀리고, 다독여주는 남편의 이야기에 기운이 생겨서 다시 마음을 고쳐먹곤 했다. 그러나 이제는 안다. 이유를 물어보는 것은 그 이유를 해소시켜 내가 계속 회사를 다니게 하기 위해서다. 즉, 남편은 나의 퇴사를 어떻게든 말리고 싶어 한다.

현장직으로 복직을 할 경우 새벽에 나가서 저녁 늦게 집에 올 가능성이 농후한데, 아이들에게 엄마가 지워질까 봐 불안하다. 그 지워진

빈자리가 혹시 아이들의 심리적 문제가 될까 봐 마음은 더 무겁다. 살면서 한 번도 직장이 없는 나를 생각해보지 않았다. 임신 막달에도 출근했다. 일은 힘들었지만 일 자체는 내가 좋아하는 일이었다. 그런데 이제는 퇴사를 고민한다. 고민 끝에 몇 번 퇴사 이야기를 꺼낸 적이 있다. 항상 남편은 나의 퇴사를 말렸고, 이제는 말리는 남편이 이해가 안 될 정도다.

우리 부부를 아는 사람 또는 알음알음 아는 사람들에게 남편은 소위 돈 좀 만져본 사람으로 유명하다. 알리고 다니지 않았는데 조금씩 소문이 나더니, 이제는 내가 일을 하는 것은 오로지 나의 커리어 욕심이거나 취미로 하는 거라고 생각하는 사람들이 많다. 그들은 내가 벌어오는 300만 원 남짓의 월급이 '푼돈'일 것이라고 확정 짓는다. 모르는 소리다.

우리 회사 남자들은 남의 이야기를 하는 것을 좋아한다. 그래서 색안경을 잘 쓰고 사람을 바라보기에, 행동 조심은 회사생활 할 때 더 필요하다. 육아휴직 전, 출근할 때 남편이 시아버님 차를 운전해서 태워준 적이 있다. 그 당시 시아버지 차는 신형 그랜저였는데, 사무실 앞에서 오순도순 담배를 피우던 사람들이 못 보던 차에서 내리는 나를 쳐다보고 있었다. 아무 생각 없이 사무실로 들어가는 나를 잡아놓고 묻는 것이 "저 그랜저는 누구 차야?"였다. 당황스러웠지만 시아버님 차를 남편이 운전해서 출근을 시켜주었다고 이야기했다. 그간 못

보던 차에 내려서 누구의 차를 타고 온 건지 순수히 궁금한 것일 수도 있다. 그러나 사무실 앞에서 내린 것도 아니었는데 저 멀리서 그랜저라는 것을 단번에 알아보았고, 내가 그랜저를 타고 오는 것을 이상하게 여긴 사람들이었다. 그런데 이제 복직 후, 운전을 못하는 나를 위해 남편이 외제차를 타고 출퇴근시켜준다면 '박 대리는 취미로 일을 다닌다'는 인식이 더욱 팽배해질 것이다. 사실 정말 모르는 소리다. 나는 남의 시선이 어떻든 원체 관심이 없는 사람이지만, 남들의 생각과 다르게 나는 퇴사를 하고 싶어도 하지 못하고, 어쩔 수 없이 직장에 다녀야 하는 입장이라는 것이 억울할 뿐이다.

남편이 퇴사를 허용하는 기준은 '2021년 최저 생계비'이다. 최저 생계비는 2021년 4인 가족 기준 3,072,648원으로, 나라에서 정한 사람답게 살아가는 데 필요한 최소 금액이다. 이 최저 생계비를 기준으로 잡은 이유는 친한 직장동기가 아이가 3명인데 3백만 원 초반의 월급으로도 외벌이로 알뜰살뜰 가정을 꾸리고 있기 때문이다. 저축은 못하지만 말이다. 그래서 우리 부부는 3백만 원 선을 기준으로 잡는다.

그러던 와중에 육아휴직을 내고 복직을 위해 회사에 방문한 직장 동료가 있었다. 그녀가 복직 전에 굳이 회사에 찾아와 인사를 한 이유는 복직 후에도 근로시간을 단축할 수 있는 제도 때문이었다. 출근은 1시간 늦게, 퇴근은 1시간 일찍 할 수 있는 제도였는데, 그걸 이용하겠다고 한 손 가득 음료수를 사와서 본부장님과 복직 전 미리 면담을 했다. 그런데 나와서는 퇴직서를 작성했다. 바로 권고사직을 받은 것이다. 한마디로 잘린 것이다.

사무실을 나온 후 "너무 일하고 싶은데 잘렸다"며 힘들어하는 동료에게 내가 해줄 수 있는 것은 위로와 육아휴직 기간 중 권고사직을 받게 되면 퇴직금이 어떻게 책정되는지 함께 알아봐 주는 정도였다.

나는 남편에게 일을 구하려고 하면 다른 직장 구하는 것이 무엇이 어렵겠냐며, 월급을 조금 적게 받는 데로 이직해도 부업을 병행한다면 최저 생계비 300만 원은 집에다 벌어 올 수 있다고 자신 있게 말했다. 하지만 동료의 권고사직 이야기를 옆에서 들은 남편은 불안해했다.

오히려 남편보다 권고사직의 불안감에 아무 타격이 없던 나는 "기껏 시간 내서 헛수고 할 바에는 복직 전에 찾아가지 말고 미리 전화로 권고사직 하실 건지 물어봐야겠다"며 남편에게 명안을 제시했는데, 돌아온 대답은 "요즘 경기가 안 좋아 이직하기 쉽지 않을 것이다"라며 남편은 계속해서 불안에 떨었다. 아직 육아휴직 기간이 많이 남았기에 이 상황을 대수롭지 않게 생각하는 나를 남편은 답답해했다.

불안해하는 남편과 아직 아무것도 결정되지 않았는데 미리 걱정하는 것이 이해할 수 없는 나는 이야기를 나누면 나눌수록 언성이 높아지기 시작했다. 권고사직을 당하게 되면 실업급여와 퇴직금 그리고 육아휴직급여 사후 지급금이 나오게 된다. 육아휴직급여 받기 전

3개월 치 월급을 기준으로 퇴직금이 나오게 되는데, 여기에 실업급여와 육아휴직급여 사후 지급금을 합하면 2천만 원이 넘는 돈이 생기는 것이다.

그 2천만 원을 한 달 최저 생계비인 300만 원으로 나누면 7개월 정도는 일 안 해도 되지 않겠냐고 묻는 나에게 남편은 목돈이 들어오면 투자금에 보태야 하니 일을 바로 할 수 있다면 하길 바랐다. 그 말을 들은 순간, 내 이성의 끈은 가늘게 떨리고 있었다.

목돈은 당연히 투자금으로 활용해야 하고, 월급은 투자에 활용하기에는 적은 돈이니 남편이 내버려 두는 거구나 생각이 들었다. 집에 돈만 생기면 투자에 혈안이 되어 집 밖으로 나가 자기는 화려한 조명을 받고, 나는 일개미처럼 일을 하라고 강요받는다는 피해의식이 샘솟기 시작했다. 그 생각은 걷잡을 수 없는 분노가 되었고, 큰 소리가 터져 나왔다.

"그렇게 월급이 좋으면 직접 월급을 벌어 와! 나에게 짐을 떠넘기지 말고!!!"

우리 부부는 싸워도 웬만해서는 큰 싸움으로 넘어가지 않는다. 일단 납득이 가면 수긍하는 나와 조목조목 설명을 잘하는 남편이 만났으니 웬만해선 큰 싸움으로 번지지 않는 것이다. 그런데 눈이 돌아가기 일보 직전인 나를 보고 남편은 '아차!'싶은 생각이 들었나보다. 그러고는 월급이 왜 중요한지, 그리고 그 월급을 벌어오는 나는 얼마나 더 대단한지 대해서 술술 이야기하기 시작했다.

"아파트는 시간이 지나 시세차익을 통해 수익을 얻어서 '시세차익형 부동산'이라고 하고, 상가를 매매해서 월세를 받는 투자는 '수익형 부동산'이라고 해. 수익형 부동산은 월세라는 일정 금액이 매달 수익으로 보장되니 안전한 상품으로 보이지만, 코로나19로 소상공인 죽는다고 연일 뉴스에 나오는 거 알잖아. 이 와중에 상가 같은 수익형 부동산을 잘 알지도 못하고 투자를 할 경우에 공실이라도 생기면, 대출이자는 어떻게 할 거며 이자와 공실의 압박감에 하루하루가 힘들 거야. 그러니 수익형 부동산이 안전한 투자처라는 것에 동의 못해. 그리고 우리는 당신이 수익형 부동산이잖아. 월세처럼 척척 월급을 받아 올 수 있는 사람이니 말이야. 아파트처럼 삶에 있어 필요한 것을 필수재라고 하는데, 아파트는 수요도 어느 정도 있어서 가격을 조금 낮추면 금방 매도가 되니 환금성도 좋고 투자하기에는 아파트가 더 안전하다고 볼 수 있어. 그래서 욕심이 생겨서 밀어 붙이기만 했나봐, 미안해. 나는 시세차익형 부동산에 투자를 하고, 너는 직장이라는 수익형 부동산에 투자를 하는 우리는 일심동체 부부잖아."

남편은 이 말도 안 되는 말을 한 호흡으로 끝맺었다. 말도 안 되는 말이지만 '일심동체'라는 한마디가 머리에 남았다. 이 단어가 위로가 되었고, 신기하게도 마음이 녹았다. 우리 부부가 이루어낸 성과에 나도 일조하였고, '수익형 부동산'이라는 역할을 가지고 있다니 이때까

전업 부동산 투자자의 가족으로 산다는 것

지 한 고생 모두를 인정받았다는 마음이 들었다.

아직 복직까지 시간이 남았으니 현금 흐름 300만 원을 만들든지, 직장이라는 수익형 부동산에 시간 투자를 계속하든지 하자는 생각이 들면서 걱정을 머릿속에서 지웠다.

학군지의 진심

학군지라는 것은 그냥 공부 잘하는 애들이 사는 동네라고 생각했었다. 우리 부부 둘 다 학군지와는 거리가 먼 사람들이다. 남편이 투자를 시작하기 전에는 백화점 몇 개가 둘러져 있는 동네가 가장 좋은 곳인 줄로만 알았다. 그리고 지금까지도 살기 좋은 동네는 그런 곳이라고 생각한다.

그러나 집값은 아주 다르게 작동한다. 멀지 않은 예시만 봐도 내가 살고 있는 광역시에서도 백화점과 거리도 멀고 신축 아파트도 없는 동네의 구축 아파트가 화려한 인프라를 갖춘 신축 아파트 가격의 두 배 가까이 된다. 구축 아파트들이 즐비하지만 그곳이 비싼 이유는 딱 한 가지였다. 바로 이 지역의 핵심 학군지라는 점이다. 학원가가 몰려 있고 하루 종일 초·중·고등학생으로 인산인해를 이루는 그곳이 가장 비싼 아파트가 많은 지역이다.

아직은 우리 아이가 두 살이라서 학군에 대해서 절실하지는 않지만, 종착지는 학군지라는 것을 알고 있다. 한번은 학군지로 유명한 지역에 남편과 드라이브 삼아 임장을 간 적이 있다. 임장이라고 할 것 없는 사람 구경이었다. 나는 타지에 살다가 이사를 온 것이라 남편은 이렇게 집들을 구경시켜 주려고 종종 나를 이곳저곳 데리고 다녔다. 학군지로 유명하다는 그곳은 이때까지 가봤던 곳 중에서 가장 골목이 아담하다는 생각은 들었지만 그것이 다였다.

아파트라고 적혀는 있지만 오래된 맨션과 다를 것이 없는 이 아파트가 우리가 신혼집으로 삼아 구매한 신축 아파트보다 비쌌다. 집값을 듣자 갑자기 입구에 들어가고 나가는 사람들이 달라 보이기 시작했다. 남편과 그런 이야기를 주거니 받거니 하고 있다가 이상한 점을 포착했다. 노후화된 이 아파트를 드나드는 사람들의 연령층이 그리 높지 않다는 것이다. 그 당시는 신혼으로 마련한 신축 아파트가 가격이 오르며 '부동산'이라는 것을 실감하던 시기여서 그 모습이 이상하다는 선에서 생각이 정리됐다. 그러나 지금은 나조차도 그것이 무엇을 의미하는지 안다. 그곳은 학군지이기 때문이다.

투자자의 시점으로 바라볼 때 학군지는 첫 번째로는 수요가 많은 곳이다. 이 수요는 아이들의 공부를 위해서일 수도 있지만, 오로지 공부만이라고 단정 지을 수 없는 심리가 숨어져 있다. 예를 들어 A지역의 아파트와 B지역의 아파트가 있다. A지역과 B지역에 있는 학교들의 학업성취도가 비슷하다는 전제하에 A는 10억의 시세로 거래되고 B는 5억이라는 시세를 형성한다면, 여력이 있다면 아이들을 위해서라도 당연히 A지역 아파트를 매수하게 된다.

한번 옮기면 다시 옮기기가 쉽지 않기에 초등학교 가기 전에 둥지를 트는 게 일반적이다. 그렇다면 한번 옮길 때 무리해서라도 상급지를 가고자 하는 욕구를 가지게 된다. 그것이 A의 아파트를 선택하는 이유이다. 10억이라는 비용을 지불할 수 있는 사람들이 모여 있는 이곳에 간다면 나 포함 내 자식들의 주변 사람들이 A라는 아파트를 살 수 있는 사람들로 채워진다 여겨지기 때문이다. 이사를 와서 동네에 잘 녹아드는 사람도 분명 있다. 하지만 정작 나부터도 타지에서 이사 와서 4년이 다 되어 가지만, 성인이 친구를 만드는 것이 쉽지가 않다. 그래도 이곳에 둥지를 튼다면 소위 존경받는 직업을 가진 사람들 또는 그의 자녀들과 나의 가족이 사이좋은 깐부가 될 것이라는 환상을 가진다.

학군지의 특징 두 번째는 학군이라는 것은 학교의 성적이 만드는 것이 아니라, 학원가가 잘 형성되었는지가 기준이 되기도 한다. 대구 범어동에는 유명한 고등학교가 있는데 그 학교에 진학하기 위하여 그 주변 초등학교, 중학교가 줄줄이 유명하다. 그런 특출난 학교들이 모여 있어 학군지를 형성하는 경우도 있지만, 대게는 학원이 많이 밀집되어 있는 것을 학군으로 본다. 나 같은 경우는 학원이 밀집되는 게 얼마나 큰 의미를 가지는지 몰랐다. 오히려 신축 아파트를 살 수 있는 돈으로 굳이 학군지의 구축 아파트를 가는 것이 비효율적이라고 생각했다. 학원이야 멀든 가깝든 대중교통을 이용할 수 있기 때문에 굳이 그런 돈을 소비하는 것이 아깝다는 생각이 들었다.

그러자 남편은 "애들을 학원에 보내는 이유는 뭐야?"라고 물었다. 나는 당당하게 "공부하라고 보내는 거지! 그런데 공부는 어디서든 할 수 있는데 굳이 학군지의 학원일 필요는 없잖아!" 하고 대답하였다. 스스로 예리하게 반문했다고 여겼는데, 남편은 기다렸다는 듯이 매끄럽게 설득한다.

"학원가가 많으면 일단 공부를 하기 위해서 모인 사람들이 많으니까 동네 자체가 분위기가 다른 것은 물론이야. 예를 들어 대형마트에 갔다는 것만으로도 빈손으로 마트를 나올 확률은 매우 낮아. 구경만 하더라도 시야가 넓어지지. 그리고 마트는 신제품은 무료로 시식할 수 있잖아. 마트에 가는 것만으로도 마트에서 제공하는 많은 '경험'이라는 것을 무료로 할 수 있지. 당연히 학군지에 가면 공부를 잘하든 못하든 학군지라는 '환경'을 조성해서 분위기를 유도하는 것이지. 그리고 부모는 부모대로 역할을 다했다고 만족감을 주지."

남편은 종종 환경과 꾸준함에 대해 강조한다. 환경이 바뀌어야 삶이 바뀐다. 그것은 나이가 많고 적음을 가리지 않는다. 그래서 자녀에게도 그런 환경을 제공하고자 한다. 그래서 학군지는 결국 입지로 귀결된다. 또한 입지는 주변 환경이 좋다는 것이라고 단편적으로 볼 수 있는데, 나에게 가장 중요한 것은 '자녀의 환경'이다. 그러니 학군지는 입지와 일맥상통한다. 남편은 그런 심리를 이용하여 수요가 가득한 학군지에 투자한다.

우리도 부모라서 끝내는 학군지 입성을 계획한다. 그 기준을 큰아이가 5세가 될 때로 잡았는데, 이유는 큰아이가 유치원에 입소하는 나이이기 때문이다. 유치원 친구들이 초등학교 친구가 된다는 생각으로 우리 부부는 만장일치로 의견을 모았다. 돈이 아무리 좋아도 매번 이사로 떠돌아다니면서 아이들에게 안정감을 줄 수 있는 울타리를 부술 생각은 없다. 그래서 우리는 큰아이 5세를 기점으로 학군지 정착을 계획하고 있다.

하지만 남편의 직업이 직업이다 보니 아무리 돈이 많다고 한들 학군지의 제일 연식이 짧은 아파트로 갈 생각은 없다. 물론 가고 싶은 마음이 없는 것은 아니다. 같은 가격이면 연식이 짧은 것이 무조건 좋다. 그렇지만 가성비가 좋은 게 무엇인지 알고 있는데도 불구하고 연식이 짧은 곳으로 가고 싶은 마음은 없다. 리모델링을 한다면 얼마든지 신축처럼 살 수 있다.

우리 계획은 가성비 좋은 학군지의 구축 아파트 대형 평수이다. 실수요자이자 투자자로서 내린 결괏값이다. 우리 가족이 대가족이어서 대형 평수를 고집하는 것은 아니다. 큰아이가 5세 기점이면 우리 부부와 아이들은 현재 함께 살고 있는 할머니 할아버지와 분가를 할 가능성이 크다. 그런데도 구축 아파트 대형 평수로 가려는 것은 대형 평수가 가성비가 좋다는 것을 알기 때문이다. 우리는 넓은 집에 실거주 할 수 있다. 또한 신축에는 대형 평수가 잘 없어서 큰 평수의 수요는 있다는 메리트가 있다. 그리고 하급지의 구축 아파트는 상대적으로 덜 오르고 집이 잦은 고장이 있을 수 있기에 위험하지만, 학군지 구축은 다르다. 학군지의 구축과 신축 아파트의 상승률은 엇비슷하게 오른다. 그리고 부동산이 하락을 하는 시점에도 튼튼한 수요가 있기에 덜 떨어진다는 든든함이 있다.

지역에 공급이 많을 때 학군지의 급매 투자는 옳다고 투자자인 남편은 말한다. 그래서 남편은 눈여겨보는 지역을 리스트화 해서, 자신이 생각하는 급매 기준을 설정하고 매일같이 매물을 주시한다.

우리가 바라보는 학군지는 우리도 가야 할 곳이다. 그래서 더 확신할 수 있다. 그곳은 우리의 욕망과 기대가 모두 모여 있는 곳이기 때문이다.

계획적인 무계획 매매

남편의 소망은 언제나 현금 흐름을 만드는 것이다. 그래서 계획적인 매수를 위해 정해놓은 하나의 원칙이 있다. 계획적인 매수라고 해봤자 기간을 정해서 매수를 하는 것인데, 이 기간이라는 것이 '3개월'이다. 3개월에 한 번이라는 기간에 대해서는 이유가 있다.

우리 부부가 생각하는 1년 생활비는 1억으로 넉넉하게 책정했다. 그러기 위해서는 1년에 한 번이든 열 번이든 횟수와 상관없이 아파트를 매도해서 최소한 1억에 근접한 돈을 만들어야 한다는 얘기다. 남편은 한 해의 아파트 상승률을 5~10%로 본다. 5~10%로 보는 이유는 남편의 말에 따르면, 최소한의 물가 상승률 이상으로 아파트 가격은 오른다는 것이 그 골자다.

아파트의 매수 심리가 높을 때는 10% 이상의 폭등이 일어나기도 했지만, 이것은 쉽게 볼 수 있는 상승률이 아니다. 때문에 우리 부부는 1년 5%의 상승률에, 지방 신축 아파트의 분양가를 생각해서 설정한 5억의 아파트가 5% 오른다면 2,500만 원이라는 이익을 얻을 수 있다고 가정하였다. 이것은 세금 및 부대비용을 전부 제외한 큰 범주의 금액이다. 그럼 3개월마다 2,500만 원의 수익은 1년간 1억이라는 목표 금액에 근접하게 된다.

보통 매월 매수를 하면 1년 열두 달이 수확의 기쁨으로 연일 파티이지 않냐 생각할 수 있다. 매월 매수를 하는 것은 가능하다. 그러나 매달 매도를 한다는 것은 불가능하다. 일단 우리가 생각하는 매도 금액까지 덜 오를 경우에 매도하기 보다는 가지고 가야 하는 변수가 생긴다. 또 예상 매도 금액에 근접했다고 해도 사겠다는 사람이 있어야 팔리는 것인데, 그 사람이 언제 나타날지는 미지수다. 그래서 매수자가 나타나 가계약금부터 잔금까지의 기간을 3개월은 있어야 한다고 생각한다. 매월 매수와 매도를 병행한다는 것은 빈 수레가 요란하기만 한 격으로 불가능에 가깝다. 이를 보고 부동산을 사고 파는 행위를 "매수는 기술, 매도는 예술"이라고 빗대어 이야기하기도 한다.

물론 자본금이 많이 들어가는 비싼 아파트를 매수하여 1년에 한두 번만 매도하면 몸 고생 마음고생도 하지 않으니 일석이조가 아니냐고 생각할 수 있다. 그러나 그것이 가능하려면 전제 조건이 필요하다. 폭등하는 시장이거나 생활비가 나오는 시스템을 구현해 놓은 경우이다. 생활비가 나오는 시스템이라는 것은 월급이라든지 수익형 부동산 상품으로 인해 돈을 묶어 놓는 것에 부담이 없을 경우이다. 그런데 우리 부부는 둘 다 집에서 두 아이를 양육하며, 본인이 하고 싶은 일에 열중한다. 그것이 수익이라는 피드백으로 올지는 미지수이다.

아파트의 시세 데이터를 분석하면 과거 1년간 5~10% 상승을 해왔다. 그렇게 폭등하는 것은 쉽게 볼 수 있는 광경도 아니고, 보합이거나 덜 올랐을 경우에 1년에 1~2개의 아파트를 바라만 보고 속 끓이는 것은 절대 추천하지 않는다. 그것은 닭 쫓는 개가 될 가능성이 농후하기 때문에, 경우의 수를 여러 가지 놓고 자산을 배치하는 것이 중요한 포인트다. 즉, 분산 투자를 한다는 것이다. 그래서 우리에게는 1년에 4개의 부동산을 매수하는 것이 투자의 기본적인 틀이라고 할 수 있다.

계획적인 매수를 하려고 하지만 이렇게 말해놓고도 돌발 매수가 잦다. 일단 3개월에 한 개 이상의 매수는 다 돌발 매수라고 봐도 무관하다. 돌발 매수 하는 경우를 예를 들면, 남편이 저평가되어 있다고 여기는 아파트를 물망에 올려놓고 꾸준히 감시하다가 '급매'가 있을 경우에는 묻지도 따지지도 않고 가계약금으로 밀어붙이는 돌발 매수를 한다. 또는 아파트 이외의 부동산을 매수하는 경우도 있다.

돌발 매수를 해서 손해도 보고 이득도 얻는다. 하지만 급매로 나온 것은 조건이 까다로운 경우가 있어서 그렇지, 매수를 하고 실패를 한 경우는 거의 없다. 기존에 나와 있는 호가에 맞춰 매도만 하더라도 손해 보지 않을 것이기 때문이다. 또한 자신이 없었다면 소심한 남편이 그렇게 과감하게 배팅하지 않기 때문이다. 아파트의 가치 평가는 철두철미하게 하지만, 급매는 꾸준히 매물을 검색하는 자만이 쟁취할 수 있다고 남편은 늘 얘기한다.

남편에게는 사촌 여동생이 있다. 나에게는 시누이다. 그 시누이는 말을 참 상냥하게 하고 여성스러운 성격이다. 개인 병원에 직원으로 다니며 200만 원 정도 되는 월급을 알뜰살뜰 모으는 성실한 시누이다. 우리가 결혼할 때는 30만 원짜리 커피 머신을 선물할 정도로 남편에게 잘하는 예쁜 사촌 여동생이었는데, 나 역시도 "언니"하고 부르며 시누이 노릇 안 하는 동생이 예뻐 보일 수밖에 없다.

그런 시누이가 결혼을 염두에 둬야 할 나이가 되자, 모아 놓은 돈이 천만 원이라며 남편에게 힘든 모습을 내비쳤다. 우리 부부는 결혼 자금을 만들어 줄 생각에 투자에 관한 이야기를 제법 오랫동안 나누었다. 동생은 묻지도 따지지도 않고 무조건 "예스"를 외쳤는데, 아주 빠른 속도로 투자를 2건이나 하였다. 시누이는 먼저 아파트를 매수한 후에 부동산 공부를 시작하게 되었는데, 이미 수익이 나 있는 상태에서 지식까지 더해지니 아주 적극적이고 즐거워했다.

그러나 며칠 후 외삼촌의 호출이 왔다. 시누이는 성인이기에 우리는 시누이와 협의해서 투자를 진행하면 된다 생각했다. 하지만 외삼촌이 볼 때 시누이는 아직 아기였다. 그런 아기가 갑자기 듣도 보도 못한 지역의 재건축 아파트를 산다고 하니, 걱정이 되어 우리 부부와 시댁 어른까지 호출하게 된다.

처음에는 우리를 극진히 환영해 주었다. 그래서 우리도 도와준 보람을 느끼며 같이 즐거운 저녁 시간을 보내는데 점차 이상함을 느끼게 된다. 외삼촌은 동생이 돈을 벌게 해 주기 위해서 남편과 내가 돈을 빌려준 것으로 생각한 것이다.

우리의 이득보다는 동생의 미래를 위해 투자를 한 것이었고, 동생은 매수를 하면서 부동산 담보대출을 이용했다. 부모님의 입장에서 20대 어린 나이에 억 단위의 대출을 한다는 게 아무래도 걱정이었고, 우리가 아무리 설명을 해도 환갑이 넘으신 외삼촌에게 대출에 대해서 설득할 수 없었다. 그 자리에서 백기를 들고, 한 달 만에 다시 팔게 된다. 다행히 세금을 내고도 단돈 몇 백만 원이라도 수중에 들어와 손해를 보지는 않았다.

그 사건 이후 동생 보기도 불편해진 것은 물론이거니와 항상 어른 같던 외삼촌과 돈 이야기를 한 치의 양보 없이 밤늦게까지 했던 기억이 계속 따라다녔다. 물론 그 아파트는 매수한 가격보다 호가가 1억 정도 오른 가격으로 현재도 꾸준하게 상승 중에 있다.

이렇게 돈도 못 벌고 감정 소모만 많은 경우도 있지만, 돌발 매수로 이런 신세계가 있구나 한 적도 물론 있다. 남편의 소망은 항상 말하지만 현금 흐름이다. 그래서 월세도 받고 아파트처럼 시세차익을 노려볼 것이 있나 고민하다가 '지식산업센터'라는 것을 알게 되어 공부를 하게 됐다. 남편은 지식산업센터 수업을 듣고 바로 다음 날 서울로 향한다. 그리고 덜컥 매수를 하고 왔다. 듣지도 보지도 못한 '지식산업센터'는 처음에는 나에게 오피스텔과 다를 게 없었다.

잘하고 있던 아파트 투자가 아니었기에 불안함이 앞섰지만, 남편을 믿고 허락을 했다. 그 지식산업센터는 8억에 사서 매도 후 현재 시세는 11억 정도이다. 그렇게 오르기까지 불과 1년이 채 걸리지 않았다. 잘 알지 못하는 분야의 지식산업센터는 매도할 때까지 다달이 250만 원의 월세도 차곡차곡 통장에 넣어 주었다. 마음에 쏙 드는 돌발 매수였다.

이런 돌발 매수는 이 세상에서 우리가 믿고 가는 길은 수만 가지의 길 중 하나일 뿐이니 꼭 아파트만 고집할 필요는 없다는 각인을 제대로 심어주었다. 돈 그 이상의 경험을 선물해준 것이다. 이렇게 계획을 하든 안 하든 매수를 하면 돈 외에도 경험이 반드시 남는다.

아무리 결과가 좋아도 남편의 계획적인 무계획 매수를 남편 외에 모든 사람이 걱정한다. 그러나 남편은 확신을 가지고 매수한다. 남들이 보기에 우리가 불나방 같아 보일 수 있다. 그 불길 끝이 뭐라고 타들어가는 와중에도 불빛만 보고 달려드는가 하고 말이다. 그러나 걱정하지 마시라. 불나방은 자기가 가야 할 곳에 확신이 있다. 그곳이

지옥이라도 '그곳'이어야 한다는 집중력과 실행력이 있다. 그리고 그곳에 도달했을 때, 불나방은 목표를 이룬 것이다.

투자자인가, 투기꾼인가

남편은 걱정하는 나를 며칠이고 설득하여 돌발 매수로 지식산업센터를 매수하게 된다. 잘 알지도 못하고 이름까지 낯선 지식산업센터라는 것에 대출 빼고 투자금만 2억 원이 넘게 들어갔다. 정말 부담스럽기 이루 말할 수 없었다.

허락한 이유는 두 가지다. 잘 알지 못하는 분야이기에 반대할 근거가 없었고, 월세가 나온다는 것에 구미가 당겼기 때문이다. 지식산업센터야 말은 번지르르 하지만 지방에 흔하디흔한 오피스텔과 다를 것이 없다고 여겼다. 특히 우리 지역에도 공실인 오피스텔이 줄을 서는데, '임대'라고 붙여놓은 현수막이 떠올라 인상이 저절로 찌푸려졌다. 남편이 사무실을 얻은 곳도 공기업이 주를 이루는 곳에 새로 지은 건물이지만, 임대가 잘 안 나가서 비워놓자니 임대가 더 안 나가는 것 같아 주인이 울며 겨자 먹기로 원룸 월세 가격으로 임대를 놓은 곳이 었다. 그런데 지식산업센터라고 하는 것이 시세차익까지 준다니, 말도 안 되는 소리였다. 지식산업센터에서는 딱 월세 그 이상 돈을 벌겠다는 생각은 크지 않았다.

그렇게 월세의 중요성에 대하여 열변을 토하는 남편이 어떻게든 현금 흐름을 만들고 싶어 하는 걸 보고 못 이기는 척 승낙을 한다. 나역시 도전하는 마음으로 저질렀던 지식산업센터는 그로부터 1년이지난 후 GTX 호재가 있는 최근 유행하는 오피스텔(전용면적 84㎡)을 매수하게 되면서 깔끔하게 굿바이 인사를 했다.

그 지역은 호재로 인해서 가격이 승승장구했기 때문에 사자 마자 하늘에서 돈이 우박처럼 쏟아질 거라 여겼다. 그런데 잔금까지 다 치르고도 6개월 지난 후까지도 가격은 보합이다. 남편에게 여긴 왜 오르지 않냐고 은근히 물어보면 항상 "안 오를 이유는 없다. 아직까지 안 오른 것뿐이다"라며 진중하게 응수한다. 남편의 말에 짐짓 고개를 끄덕이며 스스로 너무 조급하고 경솔하다고 자책하기도 했다. 그런데 남편이 이 오피스텔을 당장 팔고 다시 지식산업센터를 사고 싶다며 말을 덧붙이는 바람에 억장이 무너진다.

그도 그럴 것이 지식산업센터는 우리가 처음 샀을 때보다 매매 가격이 50% 가까이 올라버려서 물건이 있어도 살 수가 없는 처지였기때문이다. 다달이 꼬박꼬박 월세로 마음을 따뜻하게 해 주더니, 양도

전업 부동산 투자자의 가족으로 산다는 것

차액까지 안겨준 지식산업센터에게 미안했다. 화려한 호재에 눈이 멀어 남편을 말리지 못하고 너를 떠나보냈구나. 떡잎부터 다르다는 것을 알아주지 못한 무지에 하염없이 손톱을 잘근잘근 씹는다.

우리 부부가 동갑내기로 서로의 일을 '같이' 그리고 '응원'을 많이 하지만 규칙은 있다. 처음 남편이 투자를 결심할 때부터 '선택과 집중이 중요하다'는 것에 동의했다. 남편은 전업이라는 직장에서 하는 '일'이 투자이기에 집중해야 하고, 나는 남편이 그 '일'을 한다고 선택했기 때문에 남편의 '일'을 존중한다.

나도 엔지니어 회사를 다니면서 거친 남자들과 생활을 하다 보니 잔뼈가 굵다. 특히 후임들은 모두 군대를 전역한 남자들이다. 군대에서도 얼차려를 성실히 수행한 대한민국 청년들이지만, 나의 강압적인 지시와 시시각각 보고하라는 참견을 힘들어했다. 고성이 오고 가는 경우도 흔했다. 남편은 내가 남자였으면 많이 맞았을 것이라며 살벌한 우스갯소리도 한다. 그런 내가 남편의 생각이 흐려지면 안 되니 매수할 때나 매도 시에 내 의견을 내비치거나 참견은 절대 하지 않는데, 나 나름대로는 힘든 입장이다. 그래도 남편의 '근거'를 웬만해선 응원한다.

그런데 이랬다저랬다 하는 매수와 매도를 보고 있으면 '투자인가, 투기인가?' 하는 물음이 당연히 떠오른다. 남편은 GTX 호재의 오피스텔에 '탐'을 낸 것은 확실하다. 탐을 냈다는 것은 투기로 보는 게 맞다. 그러나 나와 다르게 남편은 투자와 투기의 기준을 '근거의 유무'라고 말한다. 투자의 선택은 본인이고, 이 선택은 누구의 탓도 할 수 없다. 그런 선택에 "남을 따라서"와 같은 '근거 없는' 투자를 투기로 본다. 투기가 무서운 점은 욕심만 있어서 무모하다는 것조차 모른다는 것이다. 무모해서 한번은 얻어걸릴 수 있지만, 그 끝은 자신의 무지를 탓하게 될 수밖에 없다.

나는 남편과 생각이 다르다. '탐'이라는 감정으로 판단을 흐리게 되는 순간, 근거라는 것은 갖다 붙이기 나름이기 때문이다. 그래서 근거의 유무만으로 투자와 투기의 기준을 명확하게 선 그을 수 없다.

마치 비가 오면 비가 와서 술을 먹고, 날씨가 화창하면 기분이 좋아서 술을 마시는 것과 같다. 술이 몸에 해롭다는 것은 모두 안다. 사회생활을 하면서 술을 아예 접하지 않는 것은 쉽지 않기에 술을 무조건 배척할 순 없다. 그리고 술을 공부한다면 분명 약주가 될 수도 있다. 그러나 취하고 싶다는 탐욕만으로 접근한다면 처음에는 잠간의 위로가 될 수 있지만 그런 탐욕은 끝내 몸과 마음을 망가뜨린다. 그리고 술을 먹는 것에 저렇게 창의적인 이유를 만드는 것을 보면 능동적인 사람이라는 것이 분명하다.

이런 '탐욕'에 눈이 멀게 되면 잦은 돌발 매수를 가져오게 되고, 그에 따른 손해도 발생한다. 뼈 빠지게 일해야 버는 연봉이 눈앞에서 순식간에 사라지는 것도 경험했다. 잦은 매수를 한다는 건 부동산 소장님들이 남편에게 대단하다며 치켜세워주는 말을 자주 듣는 것과 같다. 그런 립 서비스에 내 입꼬리는 살며시 올라갔다. 운이 좋았다며 손사래 치는 남편을 옆에서 바라보면 그렇게 섹시해 보였고, 영부인도 이런 마음일까 짐작해봤다. 그러나 잦은 매수는 사실 우리만 빼고 다른 모든 사람들에게 좋은 것이다.

남편은 웬만해선 처음 매수한 부동산에서 매도까지 하는 의리의 사나이다. 그러니 부동산 소장님도 좋고, 전세입자가 들어오면 장판이 오래되지 않아 바꿔주지 못하는 것에 미안하다며 비싼 러그를 선물해주는 착한 집주인이며, 세금이라도 내라고 고지서가 오면 다른 일을 내팽개치고 1순위로 세금부터 내러 가니, 우리 빼고 모든 사람들에게 좋은 일을 하는 것이 맞다.

그러나 잦은 매수로 인한 중개 수수료만 생각해봐도 금액에 기가 눌려서 별로 듣고 싶지도, 생각하고 싶지도 않다. 예를 들어 5억짜리를 매수하고 전세를 준 후 매도까지 가는 과정에 들어가는 중개수수료만 대략 400만 원이 들어간다. 여기서 매수와 매도까지 같이 한다면 전세 놓는데 드는 중개수수료는 소장님이 안 받거나 매도 중개수수료를 깎아줄 지는 모르겠으나, 이것도 매도할 때 다른 부동산에 내놓아서 매도가 된다면 중개수수료만으로 상당히 큰 금액이 들어간다. 정말 배보다 배꼽이 더 크게 느껴지는 대목이 아닐 수 없다.

여기에 매수할 때 취득세 내고, 가지고 있다고 보유세 내며, 판다고 양도 소득세를 내면 단기로 팔고 사는 아파트는 밑지는 장사가 된다. 그런데 아파트 가격이 보합이라는 것은 적자를 면치 못한다는 것이다. 그걸 알고 있으면서도 GTX 호재가 있는 오피스텔을 팔고 지식산업센터를 다시 산다는 것은 자기 합리화에 투기심을 인정한 꼴이다.

남편은 최근 다시 지식산업센터가 양도차익에 월세를 주는 효자라는 것을 나에게 어필하고 있다. 이런 남편을 보면 뉴스에 투기꾼 잡는 정책이 쏟아진다는 뉴스라도 나오면 괜히 불안하다. 그런 마음이 반영되었는지 7시 뉴스는 무슨 일이 있어도 꼭 챙겨보는 편이다.

우리 부부는 브레이크를 걸어줄 수 있는 마인드 세팅이 얼마나 중요한지 알고 있다. 과유불급 즉, 지나친 것은 미치지 못한 것과 같다. 남편은 어서 경제적 자유를 얻고 싶어서, 우리 가족들에게 풍요로움을 주고 싶어서 최선을 다하는 것이 지나쳐서 조급함을 느끼는 것이다. 그것은 넘치는 잔과 같다. 넘치는 잔은 투기가 된다.

'절제'를 위해 남편과 내가 찾은 방법은 각각 다르다. 남편의 투자자 모임은 안심하게는 하지만 절제하게 하는 효과는 없다. 다른 사람들이 성공하는 모습은 조급함을 더 부추기는 모양새가 된다. 그래서 남편은 종종 아무것도 생각하지 않는 시간을 가지려고 한다. 그 시간은 오로지 게임에 몰두하든지, 아니면 부동산 이야기를 일절 하지 않는 친구를 만난다. 재테크 안 하는 처가댁이 있는 제주도에 혼자 가는 것도 포함된다. 그렇게 생각을 비워놓게 되면 보이지 않던 것이 눈에 들어오는 효과가 있다.

내가 절제하는 방법은 바로 '초심'을 돌아보는 것이다. 나는 남편의 투기심이 불쑥 얼굴을 내밀면 초심에 대해서 이야기한다. 처음 아파트를 샀을 때 실거래가로 3천만 원이 올랐다. 그때 너무 기쁜 마음에 남편과 길에서 엉덩이춤을 추고 "이 아파트는 이렇게 될 것이다!" 하며 장난스레 녹음한 파일이 있는데, 그걸 함께 들어본다. 그 당시에 '예언'이라며 녹음한 파일은 지금 들어보면 초심을 회상하게 하는데 많은 도움이 된다. 그래서 지금 이 순간도 훗날의 우리 부부를 위하여 초심이 되는 순간을 기록하기 위해 책을 쓰고 동영상을 찍어 놓는다.

투자를 한다는 것은 '넘치는 잔'과 '채워지지 않는 잔' 사이이다. 그 경계를 지키는 것은 어려운 일이지만, 못할 것도 없다.

언제부터 안정기일까?

뜬구름 같지만 우리의 경제적 자유의 기준점이자 목표는 100억이다. 이 100억은 우리의 순수한 자본금이 100억이라는 것이다. 100억을 향해 가는 머나먼 길에서 햇살이 따뜻하고 바람도 시원하게 불 때도 있지만, 타들어 가듯이 갈증이 날 때도 있고, 또한 바람에 떠밀려 한 치 앞도 볼 수 없을 때도 있다.

언제 도착할지 모르는 길을 남편과 두 손을 꼭 잡고 가다 보면 기쁠 때든 고난을 겪을 때든 일단 기본적으로 불안하다. 기쁠 때는 불행이 곧 찾아올까 봐, 고난이 올 때는 여기서 끝일까 봐 불안하다. 그런 우리가 생각하는 안도의 숫자는 50억이다.

50억 이후부터를 우리 부부는 '안정기'라고 부른다. 안정기는 일을 하지 않더라도 한 달 생활비가 자동으로 통장에 충전되는 시기를 이

전업 부동산 투자자의 가족으로 산다는 것

르는데, 우리에게 50억은 일을 하지 않고 정기예금 이자만으로 한 달 생활비가 충분히 충당될 수 있다고 보수적으로 판단 내린 금액인 것이다.

찾아본다면 2%의 정기예금은 어렵지 않게 찾을 수 있다. 만약 50억으로 정기예금을 맡기기만 한다면 연간 1억이라는 이자를 받을 수 있다. 그렇다면 1억을 12개월로 나눠 한 달에 800만 원을 웃도는 금액으로 생활이 가능하다. 아무것도 하지 않고 숨만 쉬어도 통장에 생활비가 들어와 있다는 것이니, 우리는 살아 숨 쉬는 것만으로도 삶의 영위가 가능한 50억이라는 숫자에 의미를 두고 있다. 상당히 높은 숫자이지만 수익률이라는 변수만 고정되어 있다면 시간이 해결할 거라고 확신한다.

한 달 생활비에 이렇게 집착하는 것은 어쩔 수 없다. 아무리 투자한 아파트가 많아 사람들이 부러워하고 매도와 매수를 반복하여 큰돈을 만질 수 있는 기회가 잦더라도, 그에 걸맞은 현금 흐름이 없다면 남들이 보기에나 부자이지 실상은 궁핍한 생활을 이어 갈 수밖에 없다. 투자를 한 후 투자 결과라는 것이 며칠 또는 몇 달 사이에 바로 나오는 것이 아니다. 기한을 알 수 없다는 것은 현금 흐름이 없다는 것을 더욱 힘들게 한다.

우리가 생각하는 안정기라는 것은 단순히 한 달 생활비만 충족된다면 언제든 안정기가 될 수 있다는 의미도 된다. 즉, 월세를 받을 수 있는 상가, 빌라, 지식산업센터 등 월세가 나오는 부동산에 투자하여 한 달 생활비가 들어온다면 이 또한 안정기에 접어든 것이다. 곧 투자 종목이 무엇이든 상관없다는 의미다.

또한 자본금이 꼭 50억 일 필요도 없다. 25억일 때 4%의 수익을 줄 수 있는 상품을 찾고, 그와 같은 맥락으로 12억으로 8%의 수익률을 얻는다면 언제든 안정기인 것이다. 8%의 수익률은 결코 작지 않다. 그러나 미국의 S&P500의 평균 연 수익률이 과거 10%인 것은 투자에 조금만 관심을 가지고 인터넷을 검색하면 누구나 얻을 수 있는 정보 이다. 12억이라는 돈을 안전하게 S&P500에 투자했다면, 연간 약 1억 이라는 돈으로 일을 하지 않아도 남들보다 풍요롭게 살 수 있다. 그런 방법을 택하여 은퇴라는 안정기에 들어선 파이어족도 무척 많다. 최근 미국 주식이 급락하여 쓴맛을 겪고 있는 투자자들이 많아졌지만, 장기적으로는 하락기 때가 더 좋은 매수 지점이 된다. 그래서 더욱더 한 번에 올인하는 투자는 지양해야 한다.

파이어족은 자신의 소비패턴을 철저히 분석한다. 거기에 앞으로의 물가상승분까지 반영하여 은퇴 후 한 달 생활비가 들어오는 현금 흐름을 만든다. 우리와 다르게 파이어족은 보통 자신의 급여의 70~80%를 악착같이 모아 종잣돈을 만든 후 투자와 함께 은퇴자금을 만드는 사람들이다. 보통 은퇴자금을 책정할 때 최저 생활비의 25배로 한다. 2019년 통계청 자료에서 30대 대기업 월급을 488만 원이라

발표하였으니, 만약 월급 488만 원 전부를 최저 생활비로 책정한다면 약 15억 정도의 돈이 있어야 은퇴를 할 수 있다.

그러나 우리 부부는 '철저하게' 또는 '똑 부러지게'라는 단어와는 어울리지 않는, 인간미가 넘치는 부부이다. 나는 아이들을 재운다고 항상 휴대폰이 무음 또는 진동이어서 매번 어디에 놔두었는지 잊어먹기 일수이고, 남편은 물 먹은 컵을 정수기 앞에다가 쌓아놓는 습관이 있는데 그게 너무 싫어 제발 그러지 말라는 나의 성화에도 끝내 못 고치는 사람이다. 최후의 수단으로 정수기 앞에 내 사진까지 붙여놓는 강수를 뒀지만 컵은 계속 쌓이고 있다. 그 정도로 완벽주의라는 단어와 동떨어지는 우리 부부는 안정기라는 단어를 보수적으로 정의해서, 50억이 있으면 정말 아무것도 하지 않아도 지금의 삶이 뭉개지지 않는다 판단했기에 금액을 설정했다. 50억은 가장 극단적으로 어떤 상품에 투자해야 할지조차도 걱정하지 않아도 되는 금액이라는 말이다. 은행 예·적금은 그냥 가서 가입만 하면 되는 것이니 말이다.

우리 부부는 파이어족같이 철두철미한 것부터 악바리 같은 근성 또한 없다. 그냥 자기가 좋아하는 것을 잘하려고 노력하는 사람들이다. 그래서 우리는 근본적으로 파이어족이 될 수 없다. 만약 일반적으로 알려진 파이어족이 되어서 급여의 70~80%를 악착같이 저금하여 피 같은 종잣돈을 과감하게 투자하고 은퇴를 이루어 냈더라도 우리는 결국 불안해 할 것이다.

우리의 안정기 기준인 50억의 2%나 12억의 8%의 연간 현금 흐름은 1억으로, 결괏값은 같다. 그리고 우리는 12억이라는 금액은 예전에 이루어 낸 상태이다. 그럼 8%의 수익을 줄 수 있는 상품을 찾아서 안정기에 들어가는 것이 지름길이겠지만, 그렇게 하지 않은 것은 고질병 같은 이 불안감이 잠시 사라질 뿐이란 걸 알기 때문이다.

　내 나이 32살이다. 32년을 살아보면서 돈의 가치가 하락한다는 것은 몸소 겪어보았다. 초등학교 다닐 때 버스비가 200원이었는데 지금은 천원이 넘으니 5배가 넘게 상승한 것이다. 이 또한 부족하다고 버스 파업이 잦은 걸 보면 너 오를 것이 분명하다. 이렇게 보유하고 있는 절대 금액의 가치가 하락하는 것을 알고 있으며, 종잣돈을 10~15억까지 불릴 수 있었던 사람이라면 거기에 만족하고 멈출 수 있을 리가 없다.

　예를 들어 1억이라는 종잣돈을 급여로만 모았다고 쳐도, 종잣돈으로 1번의 투자든 10번의 투자든 10억이라는 은퇴자금을 마련한 사람에게는 투자 경험이 뇌리에 각인되어 있다. 이것을 '투자자의 DNA'라고 칭한다. 이렇게 투자로 '성공'을 계속하여 투자에 대해 긍정적인 사람은 잠시 정체하여 여유를 만끽하는 것은 잠깐의 여흥이라고 생각한다. 왜냐하면 같이 투자 성공 단계를 밟아 온 사람들을 바라보고 스스로 멈춰있다는 것에 상대적 박탈감을 느끼거나, 목표 탈환 후 허탈감에 잠시 쉬었다 그다음 투자를 노릴 수도 있다. 혹은 계속되어온 성공으로 자신만의 성공 공식을 만들어서 다음 성공의 확신 때문에 좀이 쑤셔서라도 다음 목표를 설정할 것이 뻔하다.

한마디로 만족할 수 없다. 투자자는 자신이 정말 바라는 것이 무엇인지를 들여다 본 사람이기에 자신의 감정에 충실하다. 안정기에 들어선다고 멈추는 투자자는 없다. 안정기에 연연하지는 않지만, 믿는 구석이 생기는 것이다. 암에 걸릴 수 있으니 암 보험을 드는 것과 같다. 어차피 암에 걸려서 죽기 전이면 보험금이 억만금 나온다 해도 무슨 소용이 있겠는가.

안정기도 그냥 보험 같은 것이다. 안정기에도 목표를 향해서 계속 투자를 한다. 그리고 언제든 망할 수도 있다. 앞을 내다볼 수 없는 전쟁터에서 전방에 배치되냐 후방에 배치되냐 차이인데, 전방에 배치된 사람이고 후방에 배치된 사람이고 똑같이 불안하지 않겠는가. 불안하지 않은 안정기 따위는 없다.

우리는 부자의 꿈을 꾼다

요즘 계속 안 좋은 일이 차곡차곡 쌓이고 있다. 그 와중에 오늘은 일진이 더 안 좋다. 남편이 전세가 잘 구해지지 않아 골머리를 썩다가 월세입자를 들였다. 보증금 천만 원에 월세 90만 원이었는데, 계약금 100만 원만 주고 이사 오는 날까지 보증금을 주지 않고 기한을 미루더니 이삿짐이 다 들어왔는데도 돈이 없다며 보증금을 주지 않았다. 우리가 살고 있는 지역이 아니라 더 답답한 상황이다. 대신 해당 지역 부동산 소장님이 찾아갔다. 그러자 한 여자가 나와서는 "보증금을 못 췄다는 것이 남편에게 알려지면 큰일 난다"며 부동산 소장님을 내쫓았다. 일단 입주가 되면 쫓아내기는 보통 일이 아니다. 남편은 "당했다"며 의자에 주저앉았다.

남편은 스트레스에 매우 민감해서 몸에 바로 표가 난다. 특히 골반

이 틀어져서 걷는 것조차 힘들어 하기 때문에, 남편이 걷는 것만 봐도 스트레스를 얼마나 받는지 알 수 있다. 최근 코로나19로 온 식구가 돌아가면서 아파 일에 전혀 집중하지 못하였던 것이 나비효과가 되어 이런저런 잡음이 생기고 있다. 이런 상식 밖의 일이 연달아 생기자 남편뿐 아니라 온 집안에 먹구름이 가득하다.

이렇듯 우리에게도 문제와 고비는 있다. 그럴 때마다 남편은 해결할 방법을 찾으려 애썼지, 결코 힘들다고 멈추지는 않았다. 하지만 그것과는 별개로 크든 작든 '문제'가 생길 때마다 남편은 마냥 두려워한다. 모든 성공의 박수도 남편이 받지만 실패도 자기 때문이라며 누가 손가락질이라도 할까 봐 그러는지 불안감이 남편을 짓누른다.

남편은 문제가 생겨도 최대한 가족들에게 영향을 끼치지 않도록 태연하게 보이려고 노력한다. 남편의 이런 노력에는 이유가 있다. 본인을 위해서라도 긍정적인 생각을 하기 위해서다. 미래의 우리 모습을 떠올리며 하는 긍정적인 생각을 통해 현재의 걱정에서 벗어날 수 있다. 그러면 지금 느끼는 좌절감과 부정적인 감정은 사실은 별 게 아니라는 확신을 가질 수 있게 된다. 이 확신은 경험을 통해서 얻어진 '시간은 약이다'라는 진리와 일맥상통한다.

지금은 부동산 시장을 보는 자신만의 눈을 가진 남편이지만, 그 눈을 갖기까지 난관이 없었던 것은 아니다. 어린 나이에 토지 투자에 뛰어들어 연달아 3번 투자 실패를 하기도 했다. 보지도 않고 전화로 샀던 맹지는 아직까지 남편을 괴롭히고 있다. '맹지는 사는 것이 아니다'라는 일반적인 룰을 깨고 사서는 아직도 맹지의 주인이다.

앞으로 남편에게 얼마나 더 많은 난관이 있을지 모른다. 그러나 지금까지는 모두 이겨냈다. 이겨냈다고 결과가 모두 만족스러운 건 아니지만, 어쨌든 이겨냈고 지금은 "그땐 그랬지"라며 말할 수 있는 정도는 된다. 그리고 그런 힘겨운 고난이 와도 다시 이겨낼 거라는 믿음을 가족들에게 주었다.

남편은 문제가 생겨도 가족들에게 영향을 미치지 않으려 애쓰지만, 남편 옆을 지키는 가족들의 입장은 다르다. 2022년이 돼서는 기준 금리가 오르니 한 달에 이자 내는 액수의 앞자리가 달라졌다. 그 금액이 이제는 정말 부담스럽게 되면서 남편이 힘들어하는 모습이 보이면 나는 눈을 감고 속으로 되새긴다. '내가 벌어오면 식구들 밥은 안 굶길 수 있다.' 어떤 상황이 생겨도, 무엇을 포기하든 가족은 포기하지 않겠다는 스스로의 위로이자 다짐이다.

남편은 모르겠지만 모든 가족이 남편을 필두로 끈끈하게 화합을 다진다. 남편이 '일'에만 전념할 수 있도록 그 외의 일들은 다른 가족들이 나눠 갖는다. 그리곤 남편이 없을 때 문제를 어떻게 해결할지 가족회의를 한다. 우리가 가져가는 해결책은 보통은 타박받기 일쑤이지만, 그래도 남편에게 모든 문제를 다 떠맡기지 않겠다는 가족들의 의지이다. 괜히 신용대출이 더 나오지는 않는지 의미 없는 한도 조회를 해보거나, 남편에게 도움이 되고자 대출 관련 정책이나 우리에게 적용이 될 만한 것들을 열심히 찾아본다. 남편에게 도움이 될 만한 액수를 가져올 수 있는 뾰족한 수가 없는 것을 나는 안다. 그래도 남편의 일과 나 사이에 선을 긋고 싶지 않다. 그래서 어떻게든 같이 헤쳐나가고자 노력한다.

아직 말도 잘 못하는 큰딸도 아빠의 안색을 보고 아빠 품에 파고들어 기운을 준다. 남편이 문제가 생기면 가족들은 모두가 짜기라도 한 듯이 남편을 타박하지 않는다. 남편의 실패는 우리 모두가 같이 한 실패이기 때문이다. 남편은 선장이고, 나머지 가족들은 선원이다. 그 말은 모두 한배를 탔다는 말이다. 남편은 오로지 먼 미래를 주시하고, 남은 가족들은 같이 갈 수 있도록 오늘을 다독인다.

남편과 나, 그리고 시부모님. 우리는 그렇게 경제적 자유라는 목적지로 함께 떠난다. 시어머니는 불행이 몰려오는 것은 행운이 오기 전이니, 불행이 크면 클수록 그다음을 기대해야 한다고 말씀하시곤 한다. 남편이 초심을 잃을 때면 나는 초심을 잊지 말라고 말해준다. 남편은 문제가 산재해도 주말에는 아이들과 시간을 보내고, 모두 잠든 늦은 밤 나에게 양해를 구하고 일을 한다. 시어머니가 사지 말라고 했던 아파트가 문제를 일으켜도 시어머니는 남편에게 "누구나 실수할 수 있다"고 위로하신다. 남편은 똑같은 이야기를 반복해야 한다고 투덜거리면서도 나와 시어머니, 시아버지에게 매수 현황 같은 머리 아픈 이야기를 매번 천천히 다시 해준다.

앞으로 분명 다양한 고난과 역경이 올 것이다. 그리고 우리는 함께 이겨내고 목적지에 다다를 것이다. 어떻게 목적지에 도착했는지도 모른 채 혼자 서 있는 것은 우리가 도착할 목적지의 풍경이 아닐 것이다. 우리도 남들처럼 경제적 자유를 꿈꾸지만, 모두 함께 누리는 경제적 자유를 위해 노력한다. 우리는 다함께 웃으며 목적지까지 항해하고, 주변을 돌보며 다함께 목적지에 도착할 것이다.

경제적 자유를 얻기란 정말 힘들고 어려운 일이다. 어찌 부자 되기가 쉽겠는가. 그렇기에 우리 가족은 함께 가기로 했다. 남편은 부동산에 투자하고, 나는 남편에게 투자한다. 그리고 시부모님은 노후의 편안함을 위해 남편에게 투자한다. 우리는 가족이기도 하지만 비즈니스 파트너다. 우리 가족은 남편을 지지하고 우리도 같은 꿈을 꾸기에, 그 꿈을 위해 조금씩 감수하고, 인내하고, 양보한다. 우리 중 부동산 투자자는 한 명이지만, 한편으로는 우리 모두 부동산 투자자이다.

전업 부동산
투자자의
가족으로
산다는 것

1990년생 동갑내기 부부의 경제적 자유 분투기

전업 부동산 투자자의
가족으로 산다는 것

초판 1쇄 인쇄 | 2022년 6월 28일
초판 1쇄 발행 | 2022년 7월 12일

지은이　　　| 박성은
펴낸이　　　| 전준석
펴낸곳　　　| 시크릿하우스
주소　　　　| 서울특별시 마포구 독막로3길 51, 402호
대표전화　　| 02 - 6339 - 0117
팩스　　　　| 02 - 304 - 9122
이메일　　　| secret@jstone.biz
블로그　　　| blog.naver.com/jstone2018
페이스북　　| @secrethouse2018
인스타그램　| @secrethouse_book
출판등록　　| 2018년 10월 1일 제2019 - 000001호

ⓒ 박성은, 2022

ISBN 979-11-92312-14-9　03320